COACHING

Déco

Marie Vendittelli
Illustrations Jean-David Benhamou

Aubanel

ISBN : 978-2-7006-0551-8
Connectez-vous sur www.editionsaubanel.fr

Sommaire

À quoi sert le coaching déco ?

Le coaching déco est une notion relativement récente, qui s'est développée avec la profusion d'émissions de télévision relatant les services de relookeurs pour des particuliers.

En réalité, cette prestation n'est ni plus ni moins celle de tout bon décorateur qui se respecte, mais le travail de ces spécialistes a longtemps été réservé à une élite ayant les moyens financiers nécessaires pour rétribuer ces prestations, souvent onéreuses.

Grâce à la démocratisation de la déco par le biais d'enseignes de mobilier aux prix très abordables et décliné dans tous les styles, de plus en plus de personnes ont pris conscience qu'elles aussi pouvaient avoir une décoration au goût du jour, sans dépenser une fortune. Seul problème : elles ne savent pas comment choisir parmi la profusion de matériaux et d'objets proposés sur le marché.

C'est là que le « coach » entre en scène. Après un bref entretien sur les goûts, les désirs et le budget de ses clients, il va proposer un shopping, puis un relooking de la pièce concernée, ou de la maison tout entière ! L'écueil de ce type d'intervention est de tomber dans un systématisme consistant à donner une image redondante, uniforme, voire aseptisée, d'un intérieur à l'autre.

Le but de cet ouvrage est de justement ouvrir le champ des possibles et de proposer des styles différents, par le biais des travaux réalisés par des professionnels de la décoration.

Il ne vous reste plus qu'à choisir votre style parmi ceux qui vous sont proposés et piocher les astuces et les idées qui vous permettront de relooker votre intérieur comme un vrai pro. À vous de jouer !

Les coaches déco

Neuf coaches, neuf styles différents, mais un même goût pour l'harmonie et les petits détails qui transforment une pièce ordinaire en un lieu d'exception !

Qu'ils soient spécialistes des petits espaces ou plus doués pour aménager des endroits gigantesques, les décorateurs dont vous allez pouvoir admirer le travail n'ont qu'un but : servir au mieux les intérêts de leurs clients tout en préservant leur personnalité.

De Paris à la province, en rayonnant vers l'Europe, vous trouverez dans cet ouvrage les grandes tendances actuelles de la déco, des plus abordables aux plus sophistiquées.

Vous n'avez plus qu'à vous promener au fil des pages et choisir, parmi ces intérieurs, l'atmosphère qui se rapproche le plus de vos goûts et de vos envies. Libre à vous de suivre et d'adapter les conseils de nos spécialistes à vos propres besoins ou de faire appel à leurs services pour des chantiers de plus grande envergure.

Si vous n'osez pas entreprendre de trop gros travaux, n'hésitez pas en revanche à piocher dans la mine de bonnes adresses proposées par chacun de nos décorateurs. Grâce à quelques objets bien choisis, vous pourrez, sans vous ruiner, vous approcher de leurs univers et vous prendre, à votre tour, pour un pro de la déco.
Laissez-vous tenter, tout est permis !

MONTONS
IL MONTE

CREW
12
KS - 83

Galaktik
Jean-David Benhamou

Après avoir étudié les arts plastiques à Paris et avoir fait ses armes pendant plusieurs années dans la décoration de cinéma, les différentes recherches en architecture intérieure conduisent les pas de Jean-David Benhamou vers Israël, puis en Belgique.

De retour à Paris, il met ses diverses expériences à profit au sein de sa société Galaktik. L'un des principes de son travail consiste à structurer les pièces en divers espaces distincts, en jouant à la fois sur une unité de formes et de matières. Déjà à la base de nombreux chantiers, il nous propose ici ses réalisations les plus marquantes, autant de défis qu'il n'a pas hésité à relever, alors même que la donne aurait pu parfois rebuter certains de ses confrères... c'était sans compter sur sa vitalité et ses idées novatrices !

La philosophie du coach

« Définir les espaces »

« JOUEZ SUR LES VOLUMES ET LES MATÉRIAUX POUR STRUCTURER VOS PIÈCES. »

N'hésitez pas à casser les cloisons et à supprimer des portes pour agrandir l'espace, mais conservez à chaque pièce son identité en lui attribuant une couleur ou un matériau précis.

Salon avant

Ce qui était bien

• Une grande terrasse de 200 m^2 desservie par un ascenseur et servant d'accès à l'appartement.

• Une belle superficie générale.

• Une jolie lumière.

• Un appartement sur deux niveaux renforçant l'aspect « maison ».

Ce qui l'était moins...

• Des pièces mal distribuées et des espaces confinés.

• Aucun détail intéressant à conserver.

• Des installations électriques totalement obsolètes.

• Une différence de niveau entre la terrasse et le salon et une ouverture un peu étroite reliant les deux lieux.

Les étapes du relooking

■ La tâche principale consistait à redistribuer complètement l'espace afin d'obtenir de beaux volumes tout en gagnant en fonctionnalité. La totalité des cloisons a ainsi été abattue pour laisser place à un plateau vide permettant un réaménagement optimal. Pour accentuer visuellement l'espace, il était important d'abolir la frontière entre l'intérieur et l'extérieur. Pour ce faire, tous les sols ont été placés au même niveau et un bois blond sert désormais de plancher à la terrasse et au salon.

■ Le plafond du « box » en bois a été abaissé afin d'accentuer le côté cocon du salon.

■ Dans cet appartement, la partie salon est recouverte de planches de chêne vitrifié, matériau qui réchauffe l'atmosphère générale de l'espace. Le coin repas, quant à lui, est totalement habillé de béton ciré qui se marie parfaitement avec les chaises et la table blanches au style design et épuré. Un canapé aux lignes très sobres structure le tout.

Les bonnes idées du coach

■ Pour délimiter les espaces sans avoir recours à des cloisons, Jean-David Benhamou a mis au point un système de « box » consistant à employer un seul et même matériau pour recouvrir le sol, les murs et le plafond d'un lieu.

■ Pour faire disparaître les câbles ou les fils électriques, ces derniers ont été dissimulés dans les murs, les sols et sous les plafonds. Résultat : aucune plinthe ou baguette disgracieuse pour cacher ces installations, juste quelques prises placées à des endroits déterminés à l'avance !

■ L'ouverture sur la terrasse a été accentuée par l'installation de très larges baies vitrées.

Salon après

Le sol du salon a été surélevé pour le mettre au même niveau que celui de la terrasse et accentuer la continuité entre les deux endroits.

Le résultat

• Des pièces à vivre décloisonnées, mais clairement identifiées par les choix de matériaux et de couleurs, permettent d'avoir un grand espace tout en conservant une atmosphère conviviale et lumineuse.

Les astuces déco

• Pour relier les modules salon et salle à manger, réalisés dans deux matériaux totalement opposés, Jean-David Benhamou a dessiné puis fait réaliser un très long meuble laqué blanc qui accentue la perspective et offre une belle surface de rangement.

• Afin de réchauffer le gris du béton employé pour le coin repas, deux suspensions en verre rose diffusent une jolie lumière et rappellent les tons du canapé.

Cuisine avant

Ce qui était bien

• La volonté des propriétaires de transformer radicalement l'espace !

Ce qui l'était moins…

• Une cuisine très petite, sans aucune ouverture, à part une porte donnant sur l'entrée de l'appartement.

• Un endroit aveugle, sans lumière et relativement vétuste.

Les bonnes idées du coach

■ La cuisine, autrefois aveugle, profite désormais de la lumière diffusée par les fenêtres de l'appartement.

■ Pour séparer la cuisine de l'entrée et créer un coin repas, jusqu'alors absent, une longue table (dont le plateau est en stratifié) a été réalisée sur mesure par un artisan. Le dessous de la table et ses flancs sont plaqué chêne, la même matière que celle utilisée pour recouvrir la crédence de la cuisine. Cette association accentue l'ambiance très pure de la pièce tout en lui apportant un peu de chaleur.

■ Pour accentuer la sensation d'espace, on a préféré fixer au mur des blocs blancs plutôt que d'installer un meuble ou une console sur pieds, à l'aspect plus lourd et occupant visuellement beaucoup plus de place.

■ L'éclairage artificiel provient de nombreuses sources différentes, ce qui crée une atmosphère plus douce et harmonieuse que s'il était diffusé d'un seul endroit. En outre, grâce à ce système, la pièce est mieux éclairée dans sa globalité, ce qui ne serait pas le cas avec un simple plafonnier, aussi puissant soit-il.

Les étapes du relooking

■ La principale tâche du chantier a consisté à abattre les cloisons afin de restructurer entièrement la cuisine.

■ Celle-ci, autrefois enfermée dans une petite pièce sans fenêtre, s'ouvre désormais sur une partie salle à manger, elle-même ouverte vers le salon.

■ Compte tenu de l'abattage des cloisons et de son état, le vieux parquet a été totalement retiré. Cette étape, assez pénible, a cependant permis de gagner quelques centimètres et de remettre tous les sols à niveau. La totalité de l'appartement est désormais recouverte de résine béton dans laquelle des joints de dilatation blancs viennent former des courbes qui ont pour effet de dynamiser et d'adoucir les lignes de ce petit appartement.

■ Pour jouer à fond la carte de l'espace, les murs ont été peints en blanc mat. Seule la crédence est habillée de chêne, rappelant ainsi les côtés de la table.

Cuisine après

Pour gagner encore un peu de place, le four à micro-ondes est encastré dans l'un des pieds de la table, situé côté cuisine.

Le résultat

• Une cuisine très fonctionnelle à laquelle les nouveaux aménagements ont su apporter esthétique et convivialité.

Les astuces déco

• La forme des chaises placées autour de la table (rééditions d'un modèle créé par le designer danois Verner Panton, en 1970) rappelle irrésistiblement celle de la table.

• La majeure partie des objets de déco, comme le lustre, la lampe boule et même l'affiche de Le Corbusier ont été choisis pour leurs courbes, clin d'œil à celles de la table, des chaises et des joints incrustés au sol.

Chambre d'enfant avant

Ce qui était bien

• Un bel espace de 25 m² à réaménager.

• Une pièce lumineuse grâce à plusieurs fenêtres de toit.

Ce qui l'était moins...

• Des murs fortement mansardés, à partir d'une hauteur très basse.

• Des angles biscornus.

• Des revêtements (sol, murs) impossibles à récupérer dans l'état.

• Une isolation à revoir entièrement.

Les bonnes idées du coach

▪ On a profité des nouveaux travaux d'isolation du plafond pour y inclure plusieurs spots ; on évite ainsi les plafonniers, difficiles à placer dans les pièces mansardées.

▪ Plutôt que de séparer les deux espaces avec des portes à battant, une cloison fixe, placée de part et d'autre de la pièce, renferme des panneaux coulissants. Cette option permet non seulement de gagner de la place, mais limite également les risques d'accidents, paramètre déterminant dans une chambre d'enfant.

▪ Les planches des étagères peuvent être déplacées afin de s'adapter aux objets qu'elles abritent.

▪ Pas de rideaux maintenus par une tringle, mais des stores intégrés aux fenêtres de toit.

▪ Chaque recoin a son utilité et offre un rangement d'appoint soit pour des livres, soit pour des jouets ; on peut même y mettre des petites boîtes.

▪ Les peintures sont lessivables, détail indispensable dans une chambre d'enfant !

Les étapes du relooking

▪ Le défi de Jean-David Benhamou était de réaménager la pièce afin de créer une chambre pour deux petits garçons. Plutôt que de leur faire partager le même coin nuit et un espace travail, il a préféré leur construire deux lieux identiques, mais bien distincts. Chacun possède ainsi son propre univers avec son lit, son bureau, ses rangements et ses jouets préférés. Une cloison centrale s'ouvre et se ferme au gré des besoins, permettant d'obtenir, selon les cas, une vaste aire de jeux ou deux chambres isolées.

▪ Il a fallu procéder à une isolation complète des murs et un réencadrement des fenêtres de toit.

▪ Tous les meubles de la chambre ont dû être réalisés sur mesure afin de perdre le moins de place possible dans une configuration de pièce difficile à aménager.

▪ L'un des travaux les plus délicats à réaliser a été la pose de la résine au sol.

Chambre d'enfant après

Le résultat

• Une belle aire de jeux lorsque les portes coulissantes sont ouvertes ; deux chambres bien séparées dès lors qu'elles sont fermées.

• De nombreux espaces de rangement.

• Des matériaux très faciles à entretenir.

• Une chambre qui peut évoluer au fil du temps avec l'ajout possible d'étagères, d'une plus grande literie, d'un petit lit d'appoint…

Les astuces déco

• Une seule et même teinte a été utilisée pour recouvrir les meubles des deux espaces. Ce gris-vert assez pâle a l'avantage de conserver à la pièce son aspect très lumineux. Il est aussi un lien parfait entre la résine bleue du sol et le blanc utilisé partout ailleurs.

• L'emploi de la résine permet d'obtenir un sol brillant, sans aucune démarcation, ce qui renforce la sensation d'espace et de luminosité.

• Afin d'obtenir le plus de rangement possible – indispensable dans une chambre d'enfant – tous les meubles situés de part et d'autre de la pièce ont été réalisés sur mesure par un artisan.

• Les plus grandes hauteurs sous plafond sont dédiées aux bibliothèques qui pourront accueillir de nouvelles étagères. Plusieurs niches sont réservées à des bacs en plastique transparents qui contiennent les petits jouets en vrac et peuvent être facilement transportés dans la pièce, puis remis en place.

• Des placards abritent une penderie et des rangements pour les vêtements et les accessoires.

Chambre avant

Ce qui était bien

- Un appartement très lumineux.
- Des jolis meubles chinés au fil des ans par le propriétaire des lieux.

Ce qui l'était moins…

- Une surface globale de 40 m² dans laquelle il était impératif de placer un vrai coin salon ainsi qu'une partie chambre et salle à manger.

Le résultat

- Un appartement de seulement 40 m², mais qui abrite à la fois un véritable espace salon, une chambre confortable et une salle à manger !

Les astuces déco

- Les caissons qui font office d'étagère accueillent les appareils hi-fi tout en rappelant l'esprit vintage du lieu.

Les étapes du relooking

■ Cet autre appartement décoré par Jean-David Benhamou a été entièrement mis à nu afin de pouvoir le restructurer en deux parties distinctes.

■ Le sol du salon a été recouvert de résine blanche. Pour bien différencier et accentuer cet effet de box « chambre-salle à manger », qui déborde sur cette partie salon, les niveaux du sol et du plafond ont été abaissés. Pour y pénétrer, on monte une petite marche, puis on franchit une ouverture très sobre, sans porte, qui mène à la salle de bains, à droite, et à l'estrade qui abrite le lit.

■ Tous les murs (sauf la cloison de la salle de bains), le sol et le plafond ont été recouverts de lames de chêne massif. Celui-ci a juste été légèrement ciré afin qu'il vieillisse de façon naturelle, à l'instar des meubles vintage présents dans l'appartement.

Les bonnes idées du coach

■ La lumière diffusée par la fenêtre située à gauche de la pièce se reflète dans la résine blanche du sol et accentue la luminosité de la pièce.

■ À droite et à gauche de la marche située côté chambre, deux grandes étagères ont été réalisées tout spécialement pour accueillir les nombreux disques vinyles du propriétaire.

■ Le gris-bleu foncé peint en aplat sur le mur situé face à la fenêtre est une couleur qui se marie très bien aux teintes du bois et contribue à l'ambiance masculine dégagée par cet appartement de célibataire.

Chambre après

L'estrade sur laquelle se trouve le bureau cache un sommier monté sur roulettes et recouvert d'un matelas moelleux.
Il suffit de tirer le tout vers le centre de la pièce pour faire apparaître un lit des plus confortable.
Celui-ci reste en place la plupart du temps. Cependant, dès que l'occasion se présente, il retourne sous l'estrade pour laisser la place à une table pouvant accueillir quatre convives.

Salle de bains avant

Ce qui était bien

• Un espace petit mais fonctionnel.

Ce qui l'était moins…

• Un lieu aveugle, peu accueillant, donnant une sensation de confinement.

• Une ouverture constituée d'une porte à battant, s'ouvrant sur la chambre et placée contre le mur du fond de la pièce, rendant la salle de bains difficile à aménager et prenant beaucoup de place.

• Un budget serré.

Les bonnes idées du coach

■ On a profité de la reconstruction de la cloison pour y intégrer, dans sa profondeur, des étagères qui grimpent du sol au plafond. Situées de part et d'autre des portes coulissantes, elles prennent beaucoup moins de place qu'un meuble du commerce et offrent une plus grande surface de rangement.

Les étapes du relooking

■ Premier objectif de ce chantier : déplacer la porte d'entrée de la salle de bains afin de recréer un passage moins encombrant et plus esthétique. Il a donc fallu abattre le mur de séparation pour construire une cloison dans laquelle viendraient s'intégrer deux panneaux coulissants en verre dépoli.

■ Pour gagner en espace et créer un lieu aux volumes originaux, la baignoire a été posée au sol, puis encastrée dans une estrade soutenant un meuble bas sur lequel repose une large vasque rectangulaire. On accède à cette partie lavabo par une volée de deux marches qui commencent dès que l'on a franchi la porte de la salle de bains.

■ Le budget déco étant relativement modeste, le choix de matériaux simples mais élégants s'est imposé de lui-même. Des petits galets noirs, disponibles en plaques, recouvrent l'espace baignoire. Un mariage avec des plaques d'ardoise aurait été des plus esthétique, mais ce matériau reste très onéreux ; on a donc opté ici pour des carreaux de grès cérame gris qui font parfaitement l'affaire.

■ L'espace séparant la baignoire du meuble lavabo est pour l'instant protégé par un simple rideau de douche, mais pourra accueillir une cloison en verre dès que cet investissement sera d'actualité.

Salle de bains après

Le résultat

- Un espace optimisé.
- Des matériaux très simples à entretenir et peu onéreux.

Les astuces déco

- La baignoire encastrée ouvre l'espace et fait paraître la pièce nettement plus grande.
- Les carreaux de grès cérame gris et les galets noirs, matériaux un peu froids, sont réchauffés par le parquet en chêne ciré.
- Ce même parquet relie la salle de bains à la chambre et accentue la perspective entre les deux pièces.

Le propriétaire de l'appartement, grand amateur d'objets design vintage, possédait ces deux superbes appliques en métal chromé. C'est tout naturellement qu'elles ont trouvé leur place de part et d'autre des panneaux coulissants, formant ainsi un intéressant point lumineux et une déco à part entière.

Les bonnes adresses
de Jean-David Benhamou

6, rue Gérando
75009 Paris
Tél. : 01 42 82 08 56
Port. : 06 61 77 19 76
Mél. : contact@galaktik.fr

Les meubles

CHAISES
THE CONRAN SHOP
117, rue du Bac
75007 Paris
Tél. : 01 42 84 10 01
www.conranshop.fr

KNOLL
Knoll International SA
268, boulevard Saint-Germain
75007 Paris
Tél. : 01 44 18 19 99

ÉTAT DE SIÈGE
1, quai Conti
75006 Paris
Tél. : 01 43 29 31 60
www.etat-de-siege.ch

Les luminaires

KARTELL
sur www.voltex.fr

Au Bon Marché
24, rue de Sèvres
75007 Paris
Tél. : 01 44 38 80 00
www.lebonmarche.fr

Les accessoires

THE CONRAN SHOP
117, rue du Bac
75007 Paris
Tél. : 01 42 84 10 01
www.conranshop.fr

Les trucs de pro à faire chez vous

• Délimitez les espaces en unifiant les couleurs du sol, des murs et du plafond.

• Donnez à une simple cuisine des airs de grande marque du design en remplaçant les poignées par un système de bouton-poussoir. Avantage supplémentaire : l'œil ne sera plus perturbé par la vision des poignées, ce qui augmentera la perspective et fera paraître la pièce plus vaste.

• Si la hauteur sous plafond n'est pas très grande, supprimez les plinthes (si elles ne servent pas à masquer des fils électriques) ; les murs sembleront plus hauts.

• Une paroi mansardée n'est pas une fatalité ! Cela permet en effet d'installer des rangements en escalier qui sont très pratiques et animent l'espace. Si vous ne voulez pas les faire réaliser sur mesure, empilez des caissons munis d'un bac de rangement en plastique ou en tissu.

• Remplacez la porte pleine d'un lieu un peu confiné par un panneau translucide. Le jour pourra pénétrer dans ce petit espace, et, si vous y installez une lumière chaleureuse, vous obtiendrez un éclairage d'appoint dans la pièce d'à côté (pensez, bien sûr à fermer le panneau !).

Chateaushop
Élisabeth Laugier

Après avoir étudié la médecine, puis les beaux-arts à Montpellier, Élisabeth Laugier a rejoint la Suisse où elle a travaillé comme chercheur, dans un laboratoire de Genève spécialisé dans les matières innovantes. C'est là qu'elle a élaboré un nouveau matériau : du caoutchouc magnétique permettant de changer le décor en un clin d'œil. Ce support revêt aujourd'hui tout aussi bien des gravures anciennes que des plans ou des photos les plus diverses. Commercialisé en juin 2007 au sein de la société Chateaushop – lancée par Élisabeth Laugier deux ans plus tôt –, il offre aux graphistes et aux photographes qui collaborent à l'entreprise un nouveau mode d'expression qui rencontre un immense succès.

Les talents d'Élisabeth Laugier s'expriment également dans la décoration intérieure, pour preuve, son étonnant appartement à Paris, entièrement relooké par ses soins, et dans lequel vous pourrez puiser de nombreuses idées !

MONTONS
IL MONTE

La philosophie du coach

« On peut faire une très jolie déco sans pour autant se prendre au sérieux ! »

D'un appartement banal et sans âme, Élisabeth Laugier a fait un lieu convivial, lumineux et extrêmement fonctionnel, sans jamais tomber dans les pièges de la décoration stéréotypée, ni répondre aux diktats imposés par les diverses tendances de la mode.

« Marier décoration et humour »

Salon avant

Ce qui était bien

• Des pièces très lumineuses, grâce au grand nombre de fenêtres donnant sur une large terrasse, en étage élevé, sans vis-à-vis.

• Une belle surface à exploiter.

Ce qui l'était moins...

• Des pièces petites, typiques des constructions des années soixante-dix.

• L'obligation de réaménager complètement l'espace et la distribution de l'appartement afin d'optimiser la circulation d'une pièce à l'autre et de recréer de vastes volumes.

• Un grand mur barré de nombreuses colonnes de descentes de l'immeuble aussi inesthétiques que difficiles à masquer.

• Des sols sans intérêt, à refaire dans leur intégralité.

• De longs mois de travaux en perspective...

Les étapes du relooking

■ Un des points clés de ce chantier a été d'abattre des cloisons afin de redimensionner l'espace de l'appartement. L'entrée a ainsi disparu au profit d'un vaste salon, convivial et lumineux.

■ Autre point fort : toutes les menuiseries ont été réalisées sur mesure afin de se fondre au mieux dans l'espace et d'optimiser ce dernier. Les encombrantes colonnes de descente ont ainsi été intégrées à un placard (page de droite), ce qui a permis de les masquer tout en créant un espace de rangement très utile.

■ Dans le souci constant d'agrandir l'espace, les murs et les meubles sont d'un blanc immaculé.

Les bonnes idées du coach

■ Afin d'obtenir une unité visuelle et d'accentuer la sensation d'espace et de lumière, tous les sols ont été recouverts d'un parquet de chêne blanchi. On bénéficie ainsi d'un matériau très chaleureux, mais dont la céruse claire participe largement à la luminosité de la pièce.

■ L'utilisation du blanc permet de s'autoriser davantage de fantaisie au niveau des décors muraux, sans craindre les fautes d'harmonie dans la juxtaposition des couleurs.

Salon après

Les placards abritant la vaisselle ont été réalisés en Plexi transparent recouvert d'un film légèrement opaque imprimé de couverts géants. Cet aspect permet à la fois de masquer le contenu du placard tout en conservant à l'ensemble légèreté et profondeur.

Le résultat

- Une déco à base de noir et blanc, ponctuée d'éléments détournés amusants, comme ce tapis imprimé de gravures représentant des vieilles façades parisiennes.

Les astuces déco

- Des tablettes amovibles à mi-hauteur de la bibliothèque permettant des expositions temporaires de livres ou d'objets.
- Une bibliothèque mélangeant les livres contemporains et de plus anciens, rappelant les gravures posées sur les tablettes et l'illustration du tapis.
- Des canapés réalisés sur mesure afin de s'intégrer au mieux dans l'espace.
- Des noms de ville imprimés sur les minifauteuils, comme une invitation au voyage.

Salle à manger avant

Ce qui était bien

• Une belle lumière apportée par les portes-fenêtres donnant sur la terrasse.

• Un vaste espace à exploiter.

Ce qui l'était moins…

• Des cloisons mal placées qui, une fois abattues, ont laissé la place à un gros cube vide, pas forcément évident à aménager en lieu convivial.

Les étapes du relooking

■ Le salon et la salle à manger formant une seule et même grande pièce à vivre, il fallait relier les deux espaces tout en conservant à chacun sa convivialité.

■ La partie salle à manger a ainsi été structurée par la construction d'un faux plafond en staff dans lequel ont été encastrées des boules en cristal qui permettent d'éclairer la table.

■ Toute la pièce est peinte en blanc afin de renforcer l'unité entre les divers espaces.

■ Des cornières en aluminium, disposées à l'entrée de la pièce et au-dessus d'un des canapés, accueillent des livres. Les couvertures ainsi exposées changent selon les envies et créent à la fois une déco éphémère à part entière et une invitation à la lecture.

■ Toutes les pièces du mobilier devant s'adapter parfaitement les unes aux autres, elles ont dû être réalisées sur mesure.

Les bonnes idées du coach

■ Le faux plafond situé au-dessus de la table est un bloc très simple, aux arêtes droites, qui ne s'embarrasse ni de moulures ni d'éléments rapportés – ceux-ci n'auraient fait qu'alourdir l'ensemble. L'emploi de lumières LED (diodes électroluminescentes) permet de moduler la lumière en fonction des besoins ; toutes les commandes sont accessibles grâce à des variateurs placés à plusieurs endroits de la pièce.

■ L'espace repas est constitué de quatre tables distinctes, de même taille, réalisées sur mesure ; on peut ainsi moduler la surface en fonction du nombre de convives. Cette astuce permet notamment de prendre ses repas à deux sur une petite table, beaucoup plus conviviale ! Pour masquer les séparations des quatre tables rassemblées, on les recouvre d'une nappe réalisée en magnet. Celle-ci est assez lourde et épaisse pour masquer la petite ruse et peut être changée à l'envi pour créer un nouveau décor !

■ Le côté un peu froid du blanc est réchauffé par une déco gaie et simple, jamais figée. La végétation de la terrasse accentue la fraîcheur et l'aspect accueillant du lieu.

Salle à manger après

Dès l'entrée, une console et des tabourets parfaitement intégrés à l'espace permettent de poser quelques objets ou faire une pause lecture.

Le résultat

- Une large pièce à vivre qui s'ouvre dès l'entrée de l'appartement. Un beau volume accentué par l'emploi du blanc, omniprésent, qui ouvre l'espace et apporte une atmosphère de calme et de pureté à l'ensemble.
- Une superbe luminosité (offerte par les portes-fenêtres donnant accès à la terrasse) qui pénètre dans toute la pièce autrefois cloisonnée.

Les astuces déco

- Sur la terrasse, un caisson en verre étanche abrite un gros mouton blanc qui n'avait pas réussi à être installé à l'intérieur par manque de place. On peut ainsi profiter de ce superbe objet sans avoir pour autant à sacrifier le volume de la pièce.

Cuisine avant

Ce qui était bien

- Une jolie vue de la fenêtre.

Ce qui l'était moins…

- Une superficie étriquée.
- Des meubles rustiques plus du tout d'actualité.
- Une forme biscornue, constituée d'un couloir assez étroit, puis d'un retour, très difficile à aménager.
- Aucun élément intéressant à conserver (comme un beau carrelage, par exemple).

Les étapes du relooking

■ Il a déjà fallu supprimer tous les anciens éléments et refaire entièrement les murs et le plafond. L'ancien carrelage a également sauté, impliquant une complète remise à niveau du sol. Même la fenêtre a été remplacée.

■ De par la structure même de la pièce, un seul mur pouvait accueillir des rangements. Il a donc été habillé de nombreux placards, montant assez haut, et accueillant l'essentiel de l'électroménager.

■ On a profité de la reconstruction du plafond pour y inclure des globes en cristal qui apportent une lumière soutenue, mais moins froide que celle de spots, couramment employés dans les cuisines.

■ Au sol, des émaux noirs sont ponctués d'une mosaïque faite de mots empruntés au langage familier de la cuisine. La pose a été faite de manière artisanale, carreau par carreau, il a donc fallu déterminer l'emplacement des mots à l'avance, en fonction du plan de la pièce.

Les bonnes idées du coach

■ L'emploi du noir et blanc ne vient pas forcément à l'esprit lorsque l'on refait une cuisine, car on y attend souvent des couleurs chaudes. Or, cette pièce semble tout sauf froide et inhospitalière ! La réussite du lieu tient au fait qu'il s'harmonise justement avec le reste de l'appartement et participe à l'unité de l'ensemble. Ainsi, l'œil n'est pas perturbé lorsqu'il passe de la salle à manger à la cuisine et *vice versa*.

■ Des crédences en Plexi protègent les murs blancs, mais accentuent l'effet de profondeur et d'unité de la pièce – ce qui n'aurait pas été le cas si l'on avait réalisé la crédence dans un autre matériau (faïence ou aluminium, par exemple).

■ Le mur de droite, vide et triste, est animé d'un grand magnet décoré d'un patchwork de photos des membres de la famille habillés en cuisiniers. Une longue tringle installée sur toute la largeur sert à accrocher les ustensiles en aluminium et constitue un rangement d'appoint appréciable.

Cuisine après

Le résultat

• Une pièce très pratique, grâce à l'installation de matériel électroménager sophistiqué, mais qui évite l'écueil de la cuisine-labo grâce à l'ajout d'éléments décalés et amusants.

Les astuces déco

• La déco au-dessus du plan de travail change souvent en fonction des envies ou de nouvelles acquisitions. Des livres peuvent aussi servir de décor éphémère.

L'exposition permanente de ces ustensiles de cuisine implique une petite contrainte : ils doivent toujours être parfaitement propres et bien brillants pour conserver leur effet !

Chambre avant

Ce qui était bien

• Une grande porte-fenêtre ouvrant sur la terrasse qui apportait à la fois une jolie vue et une belle luminosité.

• Une surface un peu plus grande que la moyenne d'une chambre ordinaire.

Ce qui l'était moins…

• Une forme en L, pas facile à aménager.

• Une vieille moquette collée sur un faux parquet, impossible à récupérer.

• Aucun rangement.

Les étapes du relooking

■ Il a fallu refaire entièrement tous les murs et arracher une moquette récalcitrante.

■ Le sol a entièrement été recouvert de chêne blanchi, comme dans le reste de l'appartement, afin de renforcer l'unité entre les pièces.

■ Comme il n'existait aucun rangement particulier, on a décidé de réduire l'espace sommeil pour créer un dressing. Celui-ci a été placé derrière la tête de lit, réalisée en maçonnerie ; une cloison allant du sol au plafond sépare complètement les deux endroits. On accède au dressing par deux portes coulissantes, situées à droite et à gauche du lit.

■ Le dressing étant surtout dédié à la penderie, des meubles tiroirs en citronnier ont été réalisés sur mesure et s'intègrent ainsi parfaitement à un renfoncement existant au départ.

Les bonnes idées du coach

■ Plutôt que de monter une cloison rectiligne derrière la tête de lit, on a créé un petit rebord qui permet de poser des livres. L'espace situé au-dessus permet d'accueillir des tableaux ou des grands magnets qui peuvent être changés selon les envies.

■ Chaque occupant de la chambre a sa propre partie dressing : une porte donne dans celle de madame, l'autre dans celle de monsieur !

■ Tout le système d'éclairage a été retravaillé afin de répartir dans la pièce des variateurs qui permettent de moduler l'intensité de la lumière quel que soit l'endroit de la chambre où l'on se trouve.

■ Le soir, si une seule personne veut lire, elle peut se servir d'une petite lampe placée sur le rebord de la tête de lit et qui diffuse une lumière puissante, mais très directionnelle, ne gênant pas l'autre occupant du lit.

■ Le lit donnant sur le balcon, celui-ci a été agrémenté d'un mur végétal qui donne la sensation de se réveiller dans un jardin.

Chambre après

Sous les étagères et au-dessus de la tête de lit, on a fixé des bandeaux munis de lampes dont on règle l'intensité à l'aide de variateurs.

Le résultat

• Une chambre lumineuse et accueillante.

• La transformation d'un grand espace en un nouveau, un peu plus petit, mais beaucoup plus pratique grâce à l'abondance de rangements.

Les astuces déco

• Pour casser le côté un peu froid du blanc, les murs sont décorés de photos imprimées sur magnets auxquelles répondent les multiples couleurs des livres. En revanche, le linge de lit reste dans une dominante blanche, mais gagne en gaieté avec un imprimé à la fois présent, mais tout de même relativement discret.

• L'atmosphère générale de la pièce est réchauffée par l'ajout de meubles en bois.

Bureau avant

Ce qui était bien

• Une belle vue dégagée vers la terrasse et le ciel de Paris.

• De nombreuses portes-fenêtres pour un lieu très lumineux.

Ce qui l'était moins…

• Une pièce étroite, tout en longueur.

• Pratiquement un mur complet de fenêtres rendant l'aménagement de la pièce assez difficile.

Les bonnes idées du coach

■ Le fait d'employer le même matériau pour le sol de tout l'appartement offre la possibilité de passer une grosse commande au départ et de pouvoir ainsi mieux négocier les prix. Cela permet également une utilisation optimale du matériau (ici du chêne blanchi), en réduisant les coupes et donc le nombre de chutes inutilisables.

■ Le lieu servant aussi de chambre d'appoint, plusieurs espaces de rangement ont été réalisés. La pièce étant en longueur, c'est tout naturellement que le mur du fond a été recouvert de grands placards s'étendant du sol au plafond. Le fait de mordre sur cette profondeur redimensionne la pièce qui prend ainsi des proportions plus harmonieuses.

■ Les portes du placard sont translucides, ce qui donne au meuble un aspect beaucoup plus léger que si elles étaient pleines.

■ La pièce étant étroite, les meubles sont placés au plus près des murs afin de conserver une circulation fluide et ouvrir visuellement l'espace.

Les étapes du relooking

■ Comme dans toutes les autres pièces de l'appartement, il a fallu refaire entièrement les murs et le sol. Afin de conserver l'unité, chère au propriétaire, le même parquet que celui utilisé partout ailleurs recouvre le sol du bureau. L'emploi du blanc a été privilégié, toujours pour des questions d'unité et de luminosité.

■ La construction d'un faux plafond qui ne va pas jusqu'au ras des murs a permis de donner du relief à la pièce et de masquer les câbles électriques qui alimentent la suspension placée au centre de la pièce.

Bureau après

Le résultat

• Un bureau très zen, propice au travail, mais aussi à la détente, grâce à un lit d'appoint.

Les astuces déco

• Du blanc omniprésent, tant pour les murs et le sol que pour le mobilier et le linge de lit, renforcent la douceur et le côté accueillant de la pièce.

• Le mariage du blanc et de l'aluminium chromé, ponctué par quelques touches de noir, accentue l'aspect moderne de la décoration.

Une grande partie du mur de droite étant occupée par des fenêtres, impossible d'y caser un long bureau… Pour contourner ce problème et s'offrir une belle surface de travail, le bureau a été séparé en deux parties : l'une située contre le mur, l'autre placée sur un axe pivotant disposé sur un bloc à tiroirs. À son extrémité, deux simples pieds chromés munis de roulettes permettent de déplacer la planche et de pouvoir ainsi accéder à la porte-fenêtre qui mène à la terrasse. Cette configuration présente également l'avantage de permettre à deux personnes de travailler face à face.

Salle de bains avant

Ce qui était bien

• La possibilité de réunir deux petits cabinets de toilette pour en faire un seul et même espace.

Ce qui l'était moins...

• Des pièces sans fenêtre, peu accueillantes.

• Un gros cumulus, peu esthétique et très présent.

Les étapes du relooking

n Il a fallu abattre les cloisons et restructurer tout l'espace.

n La salle de bains s'ouvre désormais sur la chambre à laquelle on accède par une grande porte coulissante, ce qui constitue un intéressant gain de place.

n Tous les murs ont été mis à nus, puis recouverts de petits carreaux noirs émaillés qui prolongent la mosaïque située dans la douche, véritable pièce maîtresse de la salle de bains.

n La partie basse de la douche et le lavabo sont en Corian®, matériau synthétique dont l'aspect s'apparente à celui du marbre et qui permet de créer une infinité de formes. Le choix de ce matériau s'imposait pour la création de ce bac à douche aux proportions hors normes.

Les bonnes idées du coach

n Mieux vaut parfois sacrifier une pièce pour la réunir à une autre et obtenir ainsi un espace plus grand, donc plus facilement aménageable. C'est le cas de cette salle de bains qui offre désormais un large volume dédié à la douche et au lavabo.

n Plutôt que de conserver une entrée de la salle de bains sur le couloir, on a choisi de créer une ouverture depuis la chambre, ce qui permet de donner à l'espace un caractère un peu plus privatif.

n Le fond de la partie douche est recouvert d'une superbe mosaïque réalisée dans les mêmes carreaux que ceux employés dans le reste de la pièce. C'est derrière celle-ci que se trouve le cumulus. Afin de conserver un accès à ce dernier (en cas de panne ou de changement), la mosaïque a été posée sur un panneau amovible (et non une cloison). Pour le retirer, il suffit d'ôter les joints, puis de les refaire une fois le panneau remis en place.

n On a profité du recloisonnement général de toute la pièce pour masquer l'ensemble de la tuyauterie dans les murs.

Le résultat

- Pas de baignoire, mais une immense douche réalisée sur mesure.
- Un portrait géant de Napoléon réalisé en mosaïque, qui constitue une véritable œuvre et s'inscrit parfaitement dans l'ensemble de la déco.
- Un pare-douche en verre transparent (et non dépoli) afin de ne pas masquer la vue sur la mosaïque.

Les astuces déco

- Puisque la pièce ne possédait pas de fenêtres, on a joué à fond la carte du « cocon » et de l'ambiance feutrée en misant sur le noir. Omniprésent du sol au plafond, il donne à la salle de bains beaucoup de caractère et s'adapte aussi bien à une atmosphère féminine que masculine.

Même dans les accessoires, c'est le noir et blanc qui domine ! Des serviettes au porte-savon, en passant par les gobelets et autres éléments de déco, on continue à jouer l'unité. Seul l'acier chromé de la robinetterie et des porte-serviettes a tout de même droit de cité.

Les bonnes adresses
d'Élisabeth Laugier

chateaushop.com
Mél. : contact@chateaushop.com

Les meubles

TABLES ET MENUISERIES SUR MESURE
Menuiserie Alain Marcillaud
7, rue Vilaine
49350 Saint-Mathurin
Tél. : 02 41 54 85 06

CANAPÉS SUR MESURE ET STORES
Symphonie décor
19, rue de Constantinople
75008 Paris
Tél. : 01 44 70 96 95

CHAISES ET FAUTEUILS CAPITALES
www.chateaushop.com

Les accessoires

LINGE
HOUSSE DE COUETTE
www.chateaushop.com
COUSSINS
Missoni
1, rue du Faubourg-Saint-Honoré
75008 Paris
Tél. : 01 44 51 96 96

MAGNETS
www.chateaushop.com

BOUGIES
Diptyque
34, boulevard Saint-Germain
75005 Paris
Tél. : 01 43 26 77 44
www.diptyque.tm.fr

Les luminaires
Établissement Alvaro
94100 Saint-Maur-des-Fossés
Tél. : 01 43 97 97 54

LAMPES : Ingo Maurer
• Chez Har Design
13, quai de la Gare
75013 Paris
• Au Bon Marché
4, rue de Sèvres
75007 Paris
www.lebonmarche.fr
• sur www.artelight.de

Les trucs de pro à faire chez vous

• Utilisez une base de blanc partout dans la maison. Vous pourrez toujours ponctuer l'espace de points de couleurs vives qui les égaieront. Et n'hésitez pas à changer l'ambiance des pièces par l'introduction d'éléments à motifs. Par exemple, des coussins à rayures noires et blanches structureront la pièce en lui donnant un esprit graphique, le velours apportera une touche chaleureuse, et, si vous préférez une ambiance pop, optez pour des grosses fleurs…

• Un lieu sobre et épuré ne doit pas pour autant être synonyme de tristesse. Par exemple, une cuisine ultradesign est très esthétique, mais peu vite paraître un peu froide… Vous casserez son aspect austère par l'ajout d'éléments de déco amusants (grandes photos, tableaux, stickers… le choix est vaste). Pour éviter la monotonie, pensez à changer le décor de temps en temps.

• N'ayez pas peur du noir ! Très présent dans la déco ces dernières années, il s'impose comme une couleur incontournable. Utilisé en total look ou par petites touches, il fait toujours beaucoup d'effet.

• Écrivez des petits mots sur les sols ou les murs avec des émaux de Briare. Pensez tout de même à vous faire un modèle avant de commencer !

SIR THOMAS LAWRENCE
Sargent
MOSCOU

PALAIS VÉNITIENS
ФАБЕРЖЕ
FABERGÉ

NolitArchitecture d'intérieur
Yannick & Philippe Lassalle

Yannick et Philippe Lassalle décident de prolonger leur complicité dans l'intimité à leur vie professionnelle en créant NolitA.

Leur grande complémentarité est un véritable gage d'équilibre entre la technique, chère à Philippe (fort de vingt ans d'expérience comme coordinateur de travaux et assistant d'une décoratrice de grand renom), et l'esthétique, domaine de prédilection de Yannick. Cette dernière, ancienne collaboratrice d'un bureau de style parisien, s'avère au quotidien d'un très précieux conseil pour tout ce qui touche au choix du mobilier, des matières et des harmonies de couleurs.

Les lieux décorés par NolitA dans un style intemporel où l'épure est de rigueur n'en sont pas moins dénués de beaucoup de chaleur et d'une certaine fantaisie.

La philosophie du coach

« PRIVILÉGIEZ LES COULEURS ET LES MATIÈRES. »

Du bois brut, des coussins moelleux, des textures chaleureuses… autant de termes qui caractérisent le style Nolita. Redécorée par Philippe et Yannick Lassalle, cette maison de ville a de quoi séduire les amoureux de cocoonig.

« Créer un chic intemporel »

Salon avant

Ce qui était bien

- Une surface suffisante pour placer à la fois le salon et la salle à manger, tout en en faisant des lieux distincts.
- Un accès direct au jardin.
- Une cheminée en état de marche.
- Un beau potentiel à exploiter.

Ce qui l'était moins…

- Des baies vitrées classiques, donnant sur le jardin, mais dont la surface et la vétusté rendaient la pièce assez peu lumineuse.
- Un sol sans intérêt et irrécupérable.

Les étapes du relooking

■ La pièce a entièrement été mise à nu.

■ Les anciennes baies coulissantes ont été supprimées, mais la large ouverture sur le jardin a été conservée afin de pouvoir y insérer cette grande surface vitrée qui apporte beaucoup de luminosité à cette pièce à vivre. Lors de l'installation de la baie, tout le mur a été refait. Il cache désormais dans sa profondeur un placard technique contenant les compteurs et autres installations.

■ L'ancien parquet a été totalement retiré puis remplacé par un nouveau, en chêne vieilli.

■ La cheminée a été conservée telle quelle et on a profité de l'épaisseur du conduit pour monter de part et d'autre des étagères réalisées en médium à peindre de 5 cm d'épaisseur, fixées au mur de manière invisible.

■ Les murs ont été recouverts d'une simple peinture acrylique finition mate choisie dans deux tons différents.

Les bonnes idées du coach

■ La position du canapé sert à délimiter la frontière entre le coin salon et la salle à manger, tout en permettant de conserver assez de place pour une circulation aisée dans la pièce.

■ Le parquet est entièrement neuf, mais sa patine lui donne un aspect vieilli, tout en harmonie avec l'atmosphère générale.

■ La porte du placard est munie d'un système de « touche-lâche » qui permet de l'ouvrir d'une simple pression de la main et évite l'ajout d'une poignée souvent peu esthétique.

■ Les couleurs employées pour les murs déclinent les nuances de taupe et de vert-de-gris. Elles contribuent largement à l'aspect relativement feutré dégagé par la pièce mais restent, malgré leur apparente austérité, très chaleureuses.

■ Les grandes étagères accueillent une collection de livres dont le rangement un peu brouillon donne encore davantage de vie au salon.

Salon après

Les anciennes baies coulissantes ont été supprimées au profit d'une très large ouverture vitrée au style beaucoup plus contemporain.

Le résultat

• Un lieu où le confort règne en maître absolu, mais sans ostentation ni apprêt.

Les astuces déco

• Des meubles neufs côtoient des éléments plus anciens, patinés par le temps, qui renforcent l'aspect chaleureux de l'endroit.

• Un lampadaire fin et aérien sert à éclairer le coin salon d'une lumière bien plus douce que si elle venait d'un lustre suspendu au plafond.

• La cheminée en marbre a été conservée telle quelle, car sa couleur allait bien avec les diverses teintes choisies pour la pièce. Elle constituait en outre un élément d'authenticité et d'intemporalité, notions chères aux décorateurs.

Cuisine avant

Ce qui était bien

• Une belle surface, un accès sur le jardin… un luxe pour une cuisine !

Ce qui l'était moins…

• D'importants travaux de remise en état de la pièce avant d'en commencer l'aménagement.

Le résultat

• Une cuisine accueillante et fonctionnelle, aux accents très chaleureux malgré sa dominante foncée.

Les astuces déco

• Les accessoires, tels que les rideaux et les luminaires, donnent un côté très chic à la pièce ; on serait même tenté d'oublier qu'il s'agit d'une cuisine !

Les étapes du relooking

■ Les murs et le plafond ont été refaits en totalité.

■ Si le parquet ancien a été conservé, puis ciré, on a inséré une allée de dalles en pierre bleue de Belgique qui fait le lien entre la cuisinière et le timbre d'office en porcelaine. Afin d'éviter tout risque de chute et avoir un rendu final vraiment parfait, les lames de bois ont été supprimées sur la largeur de la future allée et les carreaux posés à fleur du parquet. L'idée de cet aménagement original est venue après le constat que les tuyaux d'eau devaient passer à cet endroit du sol ; puisqu'il fallait casser le parquet, autant le remplacer par un autre matériau plutôt que de réaliser un rafistolage qui aurait pu s'avérer inesthétique.

■ Le plan de travail posé sur les meubles bas est en marbre blanc, il rappelle le timbre d'office et apporte un peu de luminosité à l'ensemble du mobilier. Il tranche également avec le noir de la crédence – qui donne encore plus d'effet à cette cuisine majestueuse.

Les bonnes idées du coach

■ Cette cuisine, créée par un fabricant belge, est beaucoup moins classique qu'il n'y paraît. Par exemple, les meubles hauts sont posés directement sur le plan de travail et montent pratiquement jusqu'au plafond. Cette originalité conjugue un bénéfice pratique (davantage de volume de rangement) à un aspect esthétique (une grande présence dans la pièce alliée à une sensation de solidité du mobilier).

■ L'intérieur des vitrines est peint en blanc cassé, ce qui leur donne beaucoup de luminosité.

■ La crédence au-dessus de la cuisinière est recouverte de peinture magnétique. On peut ainsi y fixer des photos ou des recettes avec de simples aimants.

Cuisine après

Chambre avant

Ce qui était bien

- De beaux volumes.
- Une jolie vue donnant sur le jardin.
- Un parquet en chêne.

Ce qui l'était moins…

- Des murs et des huisseries en mauvais état.

Les bonnes idées du coach

■ La pièce est habillée de teintes sourdes et très sobres, choisies dans une gamme de beiges et de gris mastic. Cette ambiance, très reposante, est idéale pour une chambre.

■ Afin de conforter cette atmosphère chaleureuse, le choix du bois domine pour tout le mobilier. Par exemple, des petits chevets dont la couleur se fond à celle du mur sont surmontés de lampes au pied patiné. Et, à droite de la chambre, un bougeoir ouvragé repose sur un coffre ancien.

Les étapes du relooking

■ Les murs ont dû subir un lifting complet, en raison de leur état. Ils ont ensuite été peints à la peinture acrylique.

■ Afin d'augmenter l'esprit d'authenticité et d'intemporalité du lieu, le plafond a été agrémenté de poutres. Celles-ci ont néanmoins été peintes en blanc pour conserver une perspective fluide et ne pas rayer le plafond de bandeaux foncés qui auraient été bien trop présents.

■ Le sol, constitué de larges lames de parquet en chêne, a été conservé, mais poncé, puis passé au vernis mat.

■ La fenêtre a dû être supprimée en raison de son état. Elle a cependant été remplacée par un modèle à l'ancienne qui ne jure pas avec le reste de la décoration.

Des coussins ponctués de petits dessins ou de messages apportent une petite touche d'originalité.

Le résultat

• Une véritable invitation à la détente grâce au choix de couleurs et de matières chaleureuses (brun, mastic, chêne, bois patiné, coton, lin...).

Les astuces déco

• Les couleurs de la housse de couette et des coussins répondent à celles des murs et des autres éléments de la décoration comme les doubles-rideaux ou les abat-jour. Le lit paraît se fondre dans le décor, participant ainsi au sentiment de fluidité harmonieuse qui règne dans la pièce.

Chambre d'enfant avant

Ce qui était bien

• La possibilité d'aménager des combles pour en dégager une surface intéressante et parfaitement habitable par des enfants.

Ce qui l'était moins...

• Une pente assez prononcée.

• Un mauvais état général de la pièce.

Les bonnes idées du coach

▪ Le petit coffre situé sous la fenêtre est recouvert de coussins qui le transforment en siège d'appoint. Au ras de la fenêtre, une petite étagère permet d'entreposer quelques peluches.

▪ Le placard réalisé de part et d'autre de la fenêtre est recouvert de lambris peint en gris perle. Ce dernier a été installé sur chaque mur de la pièce, ce qui unifie le décor, prolonge visuellement la perspective et sert de miniétagère à des petits objets, comme un tableau ou une timbale.

▪ Le blanc omniprésent agrandit l'espace et renforce le sentiment de pureté dégagé par cette chambre.

▪ Difficile d'installer un plafonnier dans une pièce mansardée ! Les sources de lumière viennent donc essentiellement de lampes d'appoint. Posées au sol, deux veilleuses en forme de gros champignon et de lapin, ainsi qu'une guirlande de fleurs en papier courant sur le mur ponctuent l'éclairage avec humour et poésie.

▪ Des meubles chinés, puis patinés ou repeints agrémentent la décoration de leur aspect délicieusement rétro. Le vieux lit d'appoint est également idéal pour partager quelques moments avec bébé ou lui donner le biberon.

Les étapes du relooking

▪ Pour aménager les combles, il a déjà fallu isoler tous les murs.

▪ La petite fenêtre existante a été conservée, mais tout son coffrage remis à neuf. On a profité de ces travaux pour construire dans son renfoncement un petit coffre. Une tablette a également été fixée à la base de la fenêtre.

▪ La partie inférieure de la pente du toit a été coffrée pour y construire un placard qui encadre désormais la fenêtre.

▪ Le parquet a été laqué en blanc, le soubassement peint en gris perle, et les murs en rose pâle mat.

▪ Un radiateur en fonte est désormais recouvert d'un coffrage en bois aéré par une grille en laiton peinte en blanc.

Chambre d'enfant après

Le fait de coffrer le radiateur accentue non seulement le style ancien de la pièce, mais il protège également les petites mains des enfants des risques de brûlure.

Le résultat

• Une chambre au charme désuet et intemporel, où règne un véritable sentiment de douceur et de sérénité.

Les astuces déco

• Le mélange de meubles neufs et d'objets anciens accentue l'ambiance rétro, mais sans tomber dans l'excès d'une décoration totalement fondée sur des éléments vintage, parfois un peu pesante dans une chambre d'enfant.

• Les stores, le capitonnage du lit et celui du fauteuil ont été réalisés dans le même tissu délicatement fleuri.

• Pour ne pas jurer avec le reste des imprimés, le linge de lit est blanc uni, simplement brodé de quelques motifs.

DREA
Lilou

Salle de bains avant

Ce qui était bien

• Une grande pièce très lumineuse.

Ce qui l'était moins…

• Tout était à refaire…

Les bonnes idées du coach

■ Les matériaux employés (bois, pierre, paille, coton...) sont tous proches de la nature, ce qui accentue le sentiment de chaleur et de sérénité dégagé par la salle de bains.

■ Les divers éléments de la pièce sont d'une grande sobriété et simplicité ; on peut donc réaliser une salle de bains très esthétique sans devoir dépenser des sommes pharamineuses dans le mobilier. En revanche, impossible de faire l'impasse sur la qualité des lavabos, douche, baignoire et robinetterie, ici tous choisis chez des pros.

■ La belle hauteur sous plafond a permis de mettre un sol foncé, qui aurait tassé une pièce plus petite.

Les étapes du relooking

■ La pièce a été mise à nu puis peinte en blanc.

■ L'emplacement des divers éléments (lavabo, douche…) a entièrement été repensé pour une meilleure ergonomie.

■ Les lavabos reposent sur un épais plan de travail en chêne. En dessous, une planche de la même matière, mais moins épaisse, permet d'entreposer les serviettes dont la présence atténue la vision des tuyaux d'écoulement des eaux.

■ Le sol est constitué de carreaux de béton ciré posés avec un joint très fin.

Salle de bains après

Le résultat

• Une salle de bains épurée, mais qui reste très accueillante grâce au choix judicieux de teintes et de matières chaleureuses.

Les astuces déco

• Une décoration réduite à l'essentiel, mais dans laquelle chaque objet a été choisi avec soin pour créer cette harmonie générale très réussie.

Les accessoires de la salle de bains sont tout aussi importants que les meubles eux-mêmes. Ainsi, ces petits vases en porcelaine, recouverts de délicates sculptures de fleurs et de feuilles, le porte-savon blanc garni d'une pierre ponce à l'ancienne ou encore ce verre brun dans lequel repose une fleur fraîche se fondent non seulement au reste de la décoration, mais lui apportent également une touche d'élégance supplémentaire. Et tous les détails comptent : même la boîte à mouchoirs est habillée de blanc !

Les bonnes adresses

Yannick & Philippe Lassalle

NolitArchitecture d'intérieur
9, rue de Furstemberg
75006 Paris
Tél. : 01 43 25 23 20
Bureau : 01 34 87 12 98
Mél : info@nolita.fr
www.nolita.fr

Les meubles

CUISINE ET SALLE DE BAINS
Agencement sur mesure, diffusé par NolitA
9, rue de Furstemberg
75006 Paris
Tél. et fax : 01 43 25 23 20
www.nolita.fr

SALON
CANAPÉS ET LUMINAIRES
• Julie Prisca
46, rue du Bac
75007 Paris
Tél. : 01 45 48 13 29
Fax : 01 45 48 19 28
• Flamant
www.flamant.com

TABOURET EN CHÊNE
Christian Liaigre
42, rue du Bac
75007 Paris
Tél. : 01 53 63 33 66
Fax. : 01 53 63 33 63
www.christian-liaigre.fr

CHAMBRE
Blanc d'Ivoire
4, rue Jacob
75006 Paris
Tél. : 01 46 33 34 29
Fax : 01 46 33 05 14

CHAMBRE D'ENFANTS
MEUBLES ET ACCESSOIRES
• NolitaArchitecture d'intérieur
9, rue de Furstemberg
75006 Paris
Tél. : 01 43 25 23 20

• Serendipity
17, rue des Quatre-Vents
75006 Paris
Tél. : 01 40 46 01 15
www.serendipity.fr
• Bianca & Family
www. biancaandfamily.com

PEINTURES
Flamant
www.flamant.com

CARRELAGE ET MARBRE
Matières
114, rue de la Porte-Jaune
92210 Saint-Cloud
Tél. : 01 46 02 50 42
www.matieres.com

Les luminaires

(cuisine) Benoît Vieubled
02 38 35 88 25

Les accessoires

THE CONRAN SHOP
117, rue du Bac
75007 Paris
Tél. : 01 42 84 10 01
www.conranshop.fr

Les trucs de pro à faire chez vous

• Pour donner à une pièce une atmosphère très sereine, habillez-la de teintes sourdes, choisies dans une gamme de couleurs chaudes. Les nuances de vert kaki, de mastic... proches de celles de la nature, sont parfaites pour les maisons donnant sur un jardin. Associez-leur des fleurs fraîches choisies dans des nuances de blanc et de vert clair.

• L'harmonie des couleurs est importante, mais celle des matières ne l'est pas moins ! Si vous aimez le cocooning et les ambiances feutrées, privilégiez les meubles en bois et les matières nobles (coton, lin, pure laine...).

• Même dans un style des plus épuré, vous n'êtes pas obligé de faire régner l'ordre absolu ! Quelques livres superposés, une couverture négligemment jetée sur un canapé, une accumulation de vases dépareillés, etc., apporteront beaucoup de charme et de vie à votre intérieur. De fait, un décor aseptisé peut être très séduisant au premier coup d'œil, mais s'avère rapidement froid et sans âme.

• Ne négligez pas les accessoires. Même dans la salle de bains, pensez à assortir les porte-savons, les pots et autres éléments au décor ambiant, tant au niveau des couleurs que de la matière.

Oito em Ponto
Jacques Bec & Artur Miranda

Créée en 1993 par Artur Miranda, la société Oito em Ponto (Huit heures pile) n'a cessé de se démarquer par son caractère très innovant, tant au niveau des styles que des matières et des objets qu'elle met en scène.

Codirigée depuis 1995 par le designer français Jacques Bec, Oito em Ponto réalise de nombreux chantiers d'envergure dans lesquels les deux créateurs mêlent avec une réussite parfois inattendue des meubles vintage revisités par leurs soins et leurs propres créations.

Très présents au niveau international, Jacques Bec et Artur Miranda exposent leur expérience et leur grande maîtrise du design lors de cours ou de conférences donnés dans des écoles d'architecture intérieure.

Désireux de faire partager leurs connaissances au plus grand nombre, ils nous présentent ici quelques-uns de leurs chantiers dans lesquels vous pourrez puiser de nombreuses idées aussi chic que chocs.

La philosophie des coaches

« NOS CLIENTS NOUS CONTACTENT CAR ILS AIMENT NOTRE STYLE, MAIS NOUS NE LEUR IMPOSONS RIEN ! »

Grâce à un subtil mélange de meubles vintage réhabilités et de créations, Jacques Bec et Artur Miranda créent des décors extrêmement chics, mais qui possèdent tous une âme véritable.

Salon avant

Ce qui était bien

- Des grandes baies vitrées donnant sur un large balcon. Une vue dégagée sur une place verdoyante.
- La possibilité de réaménager un espace potentiellement grand.
- Un beau parquet ancien.
- Une cheminée.

Ce qui l'était moins...

- Des pièces petites, en enfilade.

Les étapes du relooking

n L'espace désormais occupé par le salon et la salle à manger était, à l'origine, séparé en trois pièces distinctes : une chambre munie d'une salle de bains, un salon et une salle à manger. Première mission : abattre les cloisons séparant le volume. La salle de bains est désormais accessible par le couloir situé à droite du salon.

n Tous les murs ont été refaits puis recouverts d'une paille de riz laquée en noir. Le parquet a été restauré, notamment aux endroits où se trouvaient les anciennes cloisons, puis laqué en noir.

n Un faux plafond masque les imperfections dues aux divers travaux et a permis d'encastrer des spots ainsi que les montants de la tringle soutenant les rideaux.

n Le mur de droite a été recouvert de panneaux de miroirs, orientés à 45° et courant du sol au plafond.

Les bonnes idées du coach

n Le jeu de miroirs placés sur le mur de droite du salon permet de refléter la lumière diffusée par les fenêtres. Il offre également la possibilité de créer des jeux de formes et de couleurs en fonction des meubles et des coussins disposés dans la pièce.

n L'endroit étant très lumineux, le choix du noir n'a pas posé de problème, d'autant qu'il est largement compensé par la très grande surface blanche constituée par le plafond et la lumière reflétée tout au long de la journée par les miroirs habillant une grande partie de la paroi située face à la fenêtre.

n Un long meuble réalisé sur mesure occupe pratiquement tout le mur du fond. En bois laqué noir, il se fond à ce dernier, le contraste étant créé par son plateau blanc brillant. Il sert de rangement et de support aux éléments de hi-fi et à la télévision placée dans l'angle. Celle-ci est visible depuis le canapé, mais reste très discrète.

n Le positionnement des fauteuils autour de la table basse permet de former un cercle qui favorise la convivialité.

Salon après

À l'angle opposé de la pièce, la salle à manger est composée de meubles vintage customisés.

Le résultat

• Un lieu très accueillant et chaleureux, malgré la grande présence du noir.

Les astuces déco

• Un mariage réussi entre du mobilier contemporain et des pièces vintage revisitées.

• Une dominante noire et blanche, mais ponctuée d'éléments de couleurs vives ou acidulées qui réchauffent l'atmosphère.

• Grâce à des housses amovibles, le canapé s'habille de lin blanc dès que les beaux jours arrivent ; l'hiver, il retrouve sa couleur prune très foncée et d'autres coussins. Quant à l'immense tapis blanc, il est lavé puis stocké dès l'automne jusqu'au printemps suivant !

HEAD

Russian Houses
New York Interiors
Intérieurs parisiens
LE BEST OF
ARTE
RUHLMANN
ANDRÉ ARBUS
JEAN-CHARLES MOREUX
MAPPLETHORPE
STARCK
Andrée Putman
IN TOUCH KELLY HOPPEN
PORTO AMBIENTES
NORTE AMBIENTES
CASE STUDY HOUSES
TOM FORD
MODA
HERB RITTS WORK

Cuisine avant

Ce qui était bien

• Un beau carrelage.

• Un accès à une miniterrasse donnant sur une cour intérieure.

Ce qui l'était moins…

• Une surface assez petite, en L, puisqu'une partie de la pièce était réservée à la chambre de service.

• Un gros meuble inesthétique et aux dimensions peu pratiques encombrant le seul mur où l'on pouvait disposer une table.

• Des carreaux et des murs bleus qui juraient avec la couleur du sol.

Les étapes du relooking

■ Le sol a été protégé pour pouvoir le conserver tel quel.

■ Les murs, le plafond et les carreaux ont été recouverts d'une couche de peinture satinée blanche.

■ La partie située à gauche de la table accueille le vieil évier d'origine ainsi que les fourneaux et quelques rangements. L'aspect général a été modernisé par l'ajout d'étagères de type industriel et d'un plan de travail en aluminium.

■ Sur le mur de droite, qui mène à un couloir desservant la salle à manger, on a conservé un meuble bas d'époque (également muni d'un petit évier) dans lequel se trouve une grande partie de la vaisselle. Un placard similaire a juste été fixé au-dessus afin d'augmenter la surface de rangement.

Les bonnes idées du coach

■ Pour rappeler l'esprit un peu industriel des étagères en alu brossé situées contre le mur de gauche, le plafonnier est constitué d'un bloc de quatre spots orientables qui distribuent une lumière vive mais qui peuvent se moduler en fonction de l'orientation des ampoules. Étant donné la hauteur sous plafond, on aurait pu mettre un lustre, mais cela aurait eu pour conséquence de surcharger le décor, déjà très occupé par les meubles au style particulièrement marqué.

■ La cuisine pouvait être agrandie en supprimant la pièce qu'elle englobe et qui était autrefois dévolue au personnel de maison. Munie d'une petite salle de bains, elle fait désormais office de chambre d'amis qui trouvent ainsi une agréable tranquillité à l'extrémité de l'appartement et peuvent disposer de la miniterrasse en attendant que tout le monde soit levé !

Cuisine après

Éléments de déco à part entière, les lettres provenant d'enseignes lumineuses sont à la fois amusantes, décalées et très décoratives. Si vous n'avez pas la chance d'en trouver quelques spécimens laissés sur le trottoir au cours de travaux dans des magasins, il existe des boutiques spécialisées qui en font le commerce.

Le résultat

• Une cuisine lumineuse et quasi intemporelle grâce au mélange des genres entre les éléments d'origine, les meubles neufs et les accessoires chinés au fil des brocantes.

Les astuces déco

• L'un des points forts de la pièce était le carrelage d'origine, mais son motif très présent n'autorisait pas de fioritures sur les murs. Ceux-ci ont donc été peints en blanc pour son côté discret et intemporel. Les meubles sont également à dominante blanche, toujours par souci de discrétion. Cependant, il ne s'agissait pas de transformer la cuisine en lieu triste et aseptisé ! Pour éviter cet écueil, l'accent a été mis sur les meubles d'appoint, notamment ces deux énormes fauteuils chinés chez un brocanteur, puis recouverts de cuir jaune citron. Pour parfaire la touche un peu baroque apportée par les fauteuils, un vieux chandelier a été transformé en lampe puis surmonté d'un abat-jour en tissu rouge dont la couleur vient rappeler l'intérieur des lettres d'enseignes récupérées sur un trottoir.

• Les meubles de cuisine qui ont été rajoutés viennent de la grande distribution qui offre des modèles simples et très abordables. Ils ont été complétés par des éléments puisés dans les magasins de bricolage, comme les étagères faites de cornières de métal ajustables. Celles-ci (absentes sur la photo) apportent une petite touche industrielle facile à marier avec des accessoires en métal, par exemple une corbeille de fruits, un grille-pain ou, comme ici, une vieille enseigne.

Chambre avant

Ce qui était bien

• Une grande chambre lumineuse grâce à trois fenêtres.

• Un dressing attenant.

Ce qui l'était moins…

• La chambre était contiguë à un petit vestibule (menant à un dressing fermé), lui-même clos par deux portes donnant sur le couloir : un jeu de portes compliqué, obligeant de nombreuses manipulations pour passer d'un endroit à un autre.

Les bonnes idées du coach

■ La tête de lit a été faite sur mesure. Elle est constituée de deux blocs en bois laqués noir sur lesquels on peut exposer quelques cadres ou des objets de déco.

■ Dépassant du coffrage, deux tables de chevet servent de rangement d'appoint. Elles permettent d'accéder plus facilement aux interrupteurs ou à un livre depuis le lit. Sur chacune repose une lampe de Jonathan Adler dont l'abat-jour a été changé pour qu'il s'harmonise au mieux au reste de la décoration.

■ Pièce maîtresse de la chambre, le mur situé du côté du lit est entièrement recouvert de feuilles d'argent, posées à la main une par une. Plus abordable que la feuille d'or, la feuille d'argent a été également choisie car sa couleur se mariait mieux avec celle de la laque du meuble et les miroirs des chevets. Pour animer l'ensemble, on a fait appel à un peintre qui a reproduit des silhouettes de chevaux inspirées d'un paravent de Jean Dunand, l'un des maîtres de la période Arts déco.

Les étapes du relooking

■ Tout le système de portes entre la chambre et le dressing a été revu pour faciliter la circulation entre les pièces. On dispose désormais d'un grand espace dédié au sommeil et au rangement. La seule séparation se situe maintenant entre le dressing et le couloir.

■ L'un des murs du dressing a été entièrement recouvert de miroirs teintés bronze afin que leur couleur s'harmonise aux différentes teintes utilisées pour les meubles en bois et le parquet.

■ Les lames du parquet ont été nettoyées et vitrifiées afin de leur donner une couleur profonde et brillante, très chaleureuse et permettant un entretien facile.

Chambre après

Les reflets varient en fonction du choix des couvertures des livres ou des couleurs des objets présents dans les tables de chevet.

Le résultat

• Un lieu à la fois pratique de par sa proximité avec le dressing, et très reposant grâce au choix de couleurs et de matières sobres.

Une vraie touche d'originalité apportée par la feuille d'argent et la fresque peinte par-dessus.

Les astuces déco

• La partie supérieure et l'intérieur des chevets sont recouverts de miroirs qui créent des reflets extrêmement originaux, changeant en fonction de leur contenu.

• Dans une telle ambiance, le linge de lit se doit d'être uni afin qu'aucun imprimé ne vienne perturber l'aspect général de la pièce.

Bureau avant

Ce qui était bien

• La possibilité de dédier une pièce à un espace bureau.

Ce qui l'était moins...

• Un endroit petit et biscornu.

• Une colonne de descente située à l'un des angles de la pièce.

Les bonnes idées du coach

■ Tous les murs ont été repeints en blanc sauf celui situé contre la fenêtre que l'on a recouvert d'un papier jaune aux dessins argentés qui reflètent la lumière. La colonne de descente a, quant à elle, été masquée par un miroir courant du sol au plafond, qui agrandit nettement l'espace.

■ Des prises électriques ont été encastrées au sol, sous le bureau, ce qui permet de brancher les appareils sans faire courir des fils partout dans la pièce.

■ Le bureau et la bibliothèque sont faits du même bois laqué. Les pieds du bureau sont en acier chromé ; ce même matériau a été utilisé pour souligner les montants et les étagères de la bibliothèque. Autant de lignes horizontales et verticales qui structurent l'espace et jouent sur les perspectives. Cette même idée a été poussée jusqu'à la moquette, créée tout spécialement pour ce bureau, et dont les rayures jaunes s'amenuisent au fur et à mesure que l'on se rapproche de la fenêtre, ce qui agrandit visuellement la profondeur de la pièce.

■ Toujours dans ce même but d'unifier et d'agrandir, le rideau ne couvre pas seulement la fenêtre, mais il court tout le long du mur, jusque derrière la bibliothèque.

Les étapes du relooking

■ Il fallait transformer une pièce relativement petite en un lieu accueillant et fonctionnel ; le choix des meubles, des couleurs et des matériaux a donc été pensé avec un même mot d'ordre : agrandir et éclairer l'espace.

■ On a créé un faux plafond qui a permis d'encastrer des spots ainsi qu'un système d'air conditionné, très appréciable dans ce bureau orienté plein sud. Dans le faux plafond se cache également le système de tringle à rideau, peu esthétique.

■ L'espace rangement est constitué d'une grande bibliothèque qui occupe tout le mur de droite en entrant dans la pièce. Réalisée sur mesure, elle abrite les livres et les dossiers, mais aussi tous les appareils électriques (imprimante, fax, etc.) dont les branchements ont été pensés lors de la conception du meuble.

Bureau après

Toujours dans le but de refléter la lumière et agrandir l'espace, le fond de la bibliothèque et recouvert de miroir.

Le résultat

• Une pièce petite mais très agréable grâce à des astuces simples pour agrandir visuellement l'espace.

Les astuces déco

• Pour casser le côté austère du bois brun choisi pour le bureau et la bibliothèque, le jaune s'est imposé, surtout après que les décorateurs ont craqué pour ces deux énormes fauteuils de chez Poltrona Frau, aussi spectaculaires que confortables !

• La lampe et le vase sont en porcelaine blanche qui reflète la lumière, et restent des éléments discrets dans une décoration générale assez marquée.

Salle de bains avant

Ce qui était bien

- Un endroit relativement spacieux.
- Une fenêtre extérieure.

Ce qui l'était moins…

- Des éléments vieillots, sans charme.
- Un carrelage ancien mais sans intérêt.

Les bonnes idées du coach

■ Supprimer la baignoire pour en faire une grande douche a permis de redimensionner l'espace et de créer une séparation nette avec le coin lavabo.

■ Pour alléger le plan de travail, le robinet part du mur. Cette installation a été rendue possible grâce à l'encastrement de toute la tuyauterie lors de la réfection des murs et du sol.

■ Le porte-serviettes situé de l'autre côté du pare-douche est un simple cadre en aluminium chromé, fixé au sol. Sa forme sert de rappel à celles de la plaque de verre, du miroir situé au-dessus de la vasque et de l'armoire de toilette fixée à l'extrémité du plan de travail. La forme ronde vient jouer les contrastes par le biais du hublot placé au fond de la douche, la vasque en verre et les quatre appliques fixées à droite du lavabo. L'alimentation électrique de ces dernières a été encastrée dans le mur de la douche lors de sa construction.

■ Le revêtement des murs et du sol, y compris celui du bac à douche, a été réalisé en résine, parfaitement résistante à l'eau. Cette unique matière permet de conserver l'accent mis sur le carrelage, sans venir perturber l'œil par plusieurs couleurs ou reliefs différents.

Les étapes du relooking

■ Tous les éléments et les meubles de l'ancienne salle de bains ont été retirés et l'ancien carrelage a sauté. Il a donc fallu refaire tous les murs à neuf pour repartir sur des bases saines.

■ La baignoire a été supprimée au profit d'un bloc douche aux proportions plus que généreuses. Celui-ci est fermé par une simple plaque de verre, inamovible car la place est suffisante pour entrer ou sortir de la douche.

■ La fenêtre ouvrant sur l'extérieur a été masquée par un panneau percé d'un cercle, le tout recouvert de verre dépoli blanc. On a ainsi un halo lumineux, à la fois présent et discret, voire un peu mystérieux…

■ Côté lavabo, on a opté pour un plan de travail réalisé sur mesure en matériaux composites, qui masque les tuyaux et le système d'évacuation. Il est entièrement recouvert de carrelage à la surface argentée.

Salle de bains après

Pour réchauffer l'ambiance et atténuer le côté austère de la pièce, on a installé une chaise ancienne à l'assise brodée ainsi que des fleurs fraîches que l'on renouvelle régulièrement.

Le résultat

• D'une salle de bains banale, on est passé à un lieu très chic dont la froideur relative est atténuée par des éléments forts comme le halo de lumière du jour, la résine à l'aspect velouté et des formes rondes.

Les astuces déco

• La vasque transparente se fait si discrète qu'elle ne vole pas la vedette au carrelage et allège la vision du plan de travail qui paraît ainsi plus grand.

• Pensez aux fleurs fraîches, même dans la salle de bains !

Les bonnes adresses
de Jacques Bec
& Artur Miranda

Rua de Tânger 1378
4150721 Porto, Portugal
Tél. : 226 151 724
www.oitoemponto.com

Les meubles
OITO EM PONTO
www.oitoemponto.com

ÉTAT DE SIÈGE
1, quai Conti
75006 Paris
Tél. : 01 43 29 31 60
www.etat-de-siege.ch

POLTRONA FRAU PARIS
242 *bis,* boulevard Saint-Germain
75007 PARIS
Tél. : 01 42 22 74 49
www.fraufrance.com

SILVERA KLÉBER
56, avenue Kléber
75116 Paris
Tél. : 01 53 65 78 78
www.silvera.fr

PUCES DE SAINT-OUEN
Marché Serpette
110, rue des Rosiers
93400 Saint-Ouen
www.parispuces.com

HERVÉ VAN DER STRAETEN
11, rue Ferdinand-Duval
75004 Paris
www.vanderstraeten.fr

Les luminaires

ESPACE LUMIÈRE
17, rue des Lombards
75004 Paris
Tél. : 01 42 77 47 71
www.espace-lumiere.fr

Les accessoires

BOUGIES
Diptyque
34, boulevard Saint-Germain
75005 Paris
Tél. : 01 43 26 77 44
www.www.diptyque.tm.fr

DAVID HICKS
12, rue de Tournon
75006 Paris
Tél. : 01 55 42 82 82
www.davidhicksfrance.com

Les trucs de pro à faire chez vous

- N'hésitez pas à repeindre une pièce entièrement en laque noire. Cette teinte apporte une profondeur hors du commun. Pour conserver une belle lumière, installez un ou deux grands miroirs face aux fenêtres.
- Pour encore davantage d'effet, jouez les contrastes noir et blanc par le biais de tapis et de fauteuils. Réchauffez le tout de taches de couleurs en ajoutant quelques coussins rouges, jaunes ou bleu électrique.
- Si votre chambre est assez grande, installez une tête de lit sur laquelle vous pourrez venir poser des lampes, des livres ou divers objets. Laquée en noir ou en blanc, elle aura un esprit ultradesign. Surmontez-la d'une grande photo ou d'un tableau aux dimensions généreuses.
- Faites le tour des brocantes ou des vide-greniers à la recherche de lettres de vieilles enseignes. Vous pouvez bien sûr chercher à former des mots, mais l'effet est tout aussi décoratif si vous n'en positionnez qu'une ou deux.
- Osez les meubles de couleurs vives, mais, pour éviter de vous en lasser trop vite, mariez-les à des tons neutres et ne multipliez pas trop les couleurs dans une même pièce.

Anne-Carole Burghgraeve

Créée en avril 1999, l'agence d'Anne-Carole Burghgraeve, située au cœur de Lyon, s'est spécialisée dans les travaux de grande envergure, notamment des réhabilitations lourdes ou des relookings extrêmes. Amoureuse des bâtiments et de leur histoire, Anne-Carole Burghgraeve n'envisage ces métamorphoses que dans le respect des lieux dans lesquels elle intervient.

Pour leur apporter cette ambiance à la fois conviviale et très confortable, elle privilégie les matériaux et les meubles chargés d'histoire et n'hésite pas à chiner ses plus belles pièces à l'étranger, notamment en Belgique où elle séjourne régulièrement.

C'est cet esprit brocante chic qu'elle a insufflé à son propre appartement, une surface de 200 m^2 entièrement repensée et réadaptée dans un style récup qui marie espace et confort.

La philosophie du coach

« Chiner, patiner, décorer... »

« LA PLUPART DE MES MEUBLES ONT UNE HISTOIRE. »

Des meubles patinés apportent un charme incomparable à n'importe quel type de déco.

Salon avant

Ce qui était bien

• Une très grande surface au sol.

• Un appartement en rez-de-chaussée, mais relativement lumineux grâce à des fenêtres donnant sur la rue d'un côté, et une minicour extérieure de l'autre, pouvant être aménagée en patio.

• Une superbe hauteur sous plafond.

Ce qui l'était moins...

• Des murs recouverts de vieilles faïences, car ce rez-de-chaussée constituait les sanitaires et les cuisines d'un ancien foyer vendu pour être transformé en appartements.

• Un état de délabrement avancé, car ce lieu avait servi à stocker le matériel nécessaire au réaménagement des étages supérieurs de l'immeuble...

Les étapes du relooking

▪ Rien n'étant utilisable en l'état, il a fallu défoncer tous les sols et mettre la totalité des murs à nu. Derrière l'un d'eux se trouvait un magnifique mur en pierres (typique des constructions de cette époque) qui a été conservé tel quel.

▪ Puisque tout était à refaire, on a profité de la grande hauteur sous plafond pour réaliser une épaisse isolation de 20 cm qui protège parfaitement des bruits provenant des étages supérieurs.

▪ Le sol ne pouvait être conservé en l'état. Pour apporter chaleur et unité à la pièce, le choix du matériau s'est porté sur des lames de chêne de 23 mm d'épaisseur. On a profité de la pose de ce parquet pour masquer dessous tout le réseau électrique de l'appartement.

▪ Une partie du rez-de-chaussée a été réservée au bloc cuisine, mais sa particularité tient au fait qu'il est désormais isolé du salon.

Les bonnes idées du coach

▪ Le parquet repose sur un lit de petits graviers qui permettent de faire passer l'ensemble des fils et des tuyaux, contrairement aux lambourdes.

▪ Toutes les cloisons de cette partie de l'appartement ont été abattues, ce qui donne au salon et à la cuisine un esprit loft très agréable.

▪ L'appartement étant situé en rez-de-chaussée, il était important de conserver le plus de lumière possible. Une large ouverture a donc été réalisée sur une courette située à l'opposé de la rue. La lumière traverse ainsi le salon de part en part, et les habitants bénéficient d'un petit îlot de verdure et de calme, qui tranche de l'agitation extérieure.

Salon après

Le résultat

- L'appartement forme un U dont la moitié est consacrée à l'espace salon-cuisine, cela permet de bénéficier d'une très grande surface pour les pièces à vivre.

Les astuces déco

- Pour renforcer le charme du lieu, la plupart des meubles ont été chinés puis patinés dans le même esprit.
- On a joué à fond l'unité des couleurs en mariant tous les tons de blanc, de beige et de marron, fuyant volontairement les teintes trop vives qui auraient troublé l'ambiance sereine de la pièce.

Pièce maîtresse du salon, un immense lustre chiné en Belgique sert d'éclairage d'appoint. Une grosse poulie insérée dans le faux plafond et munie d'une corde sert à le monter et à le descendre pour allumer et éteindre les quelque trente-cinq bougies installées dessus.

Cuisine avant

Ce qui était bien

• Un grand espace disponible dans lequel tout était permis.

• Une belle lumière distribuée par de hautes fenêtres donnant sur la rue.

• Une grande hauteur sous plafond permettant de moduler l'espace et de créer ainsi une sorte de « boîte dans une boîte ».

• Un superbe mur en pierre découvert derrière une cloison.

Ce qui l'était moins...

• Tout le système de tuyauterie à refaire pour créer les arrivées et les écoulements d'eau.

Les bonnes idées du coach

■ On a volontairement conservé une partie vide entre le plafond de la cuisine et celui de la pièce principale. Ce parti pris a pour effet de renforcer l'esprit de pièce à part entière de la cuisine, tout en lui conservant des proportions harmonieuses. En effet, le lieu est relativement petit et cette sensation aurait été renforcée si son plafond avait été plus haut.

■ La lumière est fournie par des suspensions qui apportent un éclairage plus chaleureux et plus ponctuel que des spots. Pour renforcer l'aspect déco, les mêmes modèles ont été utilisés en plusieurs exemplaires à l'intérieur et à l'extérieur de la cuisine.

■ Le bloc cuisine est uniquement dévolu aux fourneaux et autres placards ou éléments électroménagers. Les repas sont pris sur une grande table située le long des fenêtres ou sur le plan de travail débordant de la cuisine vers la pièce principale.

Les étapes du relooking

■ Puisque la surface était totalement vide, il a simplement fallu déterminer l'emplacement de la cuisine. Celui-ci s'est naturellement rapproché des fenêtres donnant sur la rue afin de profiter au mieux de la lumière du jour. Pour éviter les problèmes inhérents à la cuisine (notamment les mauvaises odeurs), celle-ci devait pouvoir être hermétiquement fermée. Anne-Carole Burghgraeve l'a donc insérée dans un « cube » d'environ 9 m^2, recouvert d'un plafond.

■ Pour ne pas obstruer la cuisine, les parois sont constituées de vitres transparentes maintenues par des montants en métal. L'une des façades est agrémentée d'une fenêtre à guillotine qui sert de passe-plat. On a l'impression d'un vieil atelier, et pourtant, tout est neuf !

■ Afin de conserver l'harmonie générale de la pièce et sa luminosité, les murs, le carrelage, les éléments et les montants en métal ont été peints en blanc.

Cuisine après

Le résultat

• Une cuisine très claire puisqu'elle bénéficie de la lumière des fenêtres donnant sur la rue, mais parfaitement séparée du salon grâce à son système de vitrage.

Les astuces déco

• Le plan de travail situé à l'intérieur de la cuisine est majoritairement recouvert de carreaux blancs, la couleur dominante de la pièce. Ce plan de travail se prolonge sur l'extérieur de la cuisine et sert de bar. Il est dominé à cet endroit par l'emploi de chêne, matière qui vient rappeler le sol de la pièce principale, créant un lien habile entre les deux pièces.

De l'autre côté de la cuisine, on aperçoit un meuble de métier qui sert de rangement d'appoint. Le mur contre lequel il est appuyé correspond à la cloison avec le hall de l'immeuble ; on a profité de son isolation pour y encastrer des vieilles boîtes à lettres et une niche abritant tous les compteurs, judicieusement masqués par un vieux volet à la jolie patine.

Chambre avant

Ce qui était bien

• Une ouverture sur le patio situé à l'angle opposé de celui du salon.

• La possibilité de redimensionner l'espace pour créer un dressing.

• Une hauteur sous plafond plus basse que dans les pièces à vivre, car cette partie de l'appartement est située au rez-de-chaussée d'un immeuble « classique ». Donc davantage d'intimité, notion importante dans une chambre.

Ce qui l'était moins…

• Un manque de clarté général dans la pièce.

Les bonnes idées du coach

■ Le faux plafond dissimule un spot qui permet d'éclairer le centre de la chambre sans avoir recours à un lustre qui aurait alourdi l'espace.

■ La porte-fenêtre à axe décentré donnant sur le patio a été réalisée d'un seul tenant et peut s'ouvrir entièrement sur la pièce. On profite ainsi de la vue sur l'extérieur sans que celle-ci ne soit gênée par le moindre obstacle.

■ Le placard est fermé par des portes classiques, mais le fait de les placer à environ 20 cm du sol fait oublier leur fonction première.

■ Au-dessus de la tête de lit, deux spots orientables permettent de diffuser la lumière soit vers le plafond, pour un éclairage large, soit vers le lit, pour une lumière directe, plus propice à la lecture.

■ La chambre donnant sur le patio et sur la salle de bains, le sol est en béton, à l'épreuve de l'eau et des salissures.

Les étapes du relooking

■ Tous les murs ont été calfeutrés, ce qui a permis de masquer les fils électriques alimentant les prises et les appliques situées au-dessus du lit.

■ La cloison située face au lit a été refaite de telle manière qu'elle abrite désormais un grand placard dont une partie est également accessible depuis le couloir attenant à la chambre. Les dimensions des ouvertures ont été choisies en fonction de la taille des portes anciennes qui apportent beaucoup de charme au lieu.

■ La porte-fenêtre qui donne sur le patio est d'un seul tenant et a, bien sûr, été réalisée sur mesure.

■ Le sol est recouvert de béton, mais, pour lui donner un aspect authentique et chaleureux, Anne-Carole Burghgraeve y a inséré des petits graviers naturels.

■ On a conservé les poutrelles apparentes pour leur aspect industriel et ancien ; elles ont juste été peintes en blanc.

Chambre après

De simples rainures ont été légèrement creusées dans le béton, puis incrustées de petits graviers de différentes teintes.

Le résultat

• Une chambre quasi monacale, mais non dénuée de chaleur grâce à l'apport de nombreux objets anciens et d'éléments en bois chinés au fil des brocantes.

Les astuces déco

• Du linge de lit dans les tons de blanc, sans imprimés qui auraient cassé le côté zen de la pièce et perturbé l'œil.

• Une unité de meubles anciens et des matières douces et chaleureuses (coton, lin...) renforcent l'aspect de « cocon » dégagé par la chambre.

Salle de bains avant

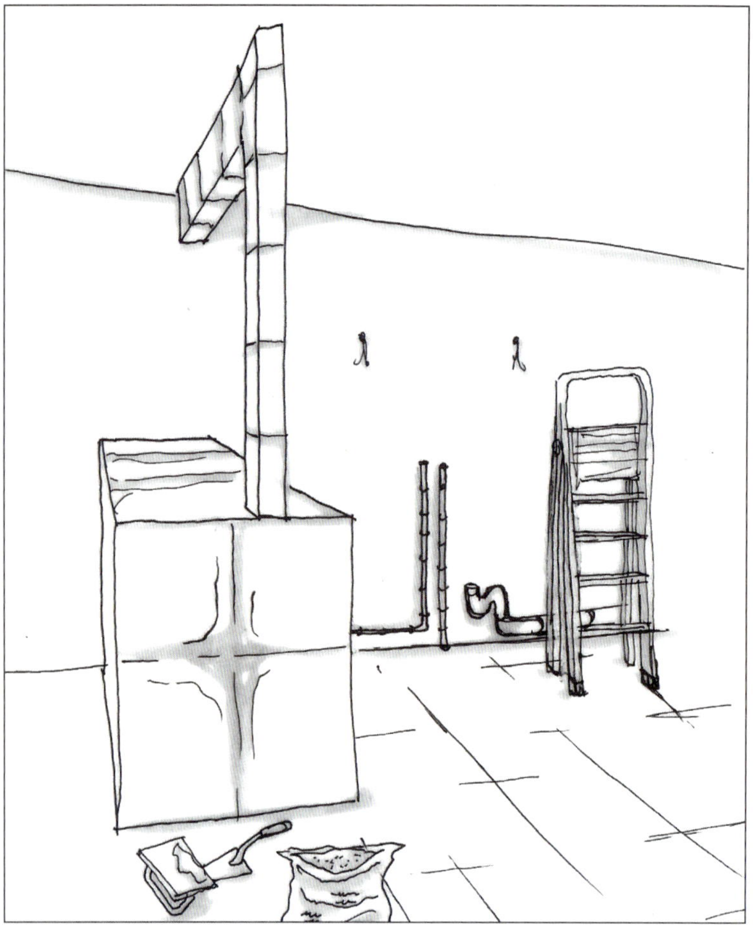

Ce qui était bien

- Un espace à repenser entièrement puisqu'il n'existait pas – tout était donc autorisé !
- La possibilité d'installer des éléments anciens, découverts dans des brocantes et qui pouvaient enfin trouver leur place.

Ce qui l'était moins...

- Tout le système de tuyauteries et d'écoulement d'eau à réinstaller.
- Une faible lumière.

Les bonnes idées du coach

■ Le fait d'utiliser le même revêtement pour recouvrir le sol de la salle de bains et celui de la chambre permet d'agrandir visuellement la pièce dans son ensemble. Parfaitement imperméable et d'un entretien très simple, ce ciment est, en outre, beaucoup moins froid qu'il n'y paraît.

■ Les grands carreaux blancs qui recouvrent le muret et la crédence située au-dessus du lavabo ont l'avantage d'être faciles à poser et restent parmi les revêtements les moins onéreux du marché.

■ Grâce au fait que les arrivées d'eau ont été masquées derrière les cloisons, on a pu fixer les robinets sur la crédence, au-dessus du lavabo, ce qui accentue l'esprit rétro des anciennes salles de bains d'école ou de collectivités. Cet aspect est également renforcé par l'emploi du blanc, couleur classique dans ce type de lieu. Si les éléments en faïence sont anciens, toute la robinetterie, en acier chromé, est neuve.

■ Plutôt que de monter des placards sous le plan du lavabo, celui-ci repose sur de simples étagères.

Les étapes du relooking

■ Le grand volume dévolu à la chambre a été divisé en deux pour y intégrer une partie salle de bains. Afin de séparer les deux lieux tout en gardant l'esprit loft cher aux propriétaires, on a monté une simple cloison soutenue par un muret recouvert de carreaux blancs. Afin d'alléger cette séparation, on a utilisé de hautes vitres transparentes, maintenues par une ferrure supérieure en T et des montants verticaux, comme ceux utilisés dans la cuisine.

■ Le sol a été réalisé selon le même principe que celui de la chambre : du béton séparé par de fins sillons incrustés de graviers.

■ Tous les tuyaux ont été encastrés dans le sol et derrière les cloisons. *Idem* pour les alimentations électriques dont les emplacements ont été déterminés avec soin.

Salle de bains après

Le résultat

• Un petit air rétro pour une salle de bains résolument moderne et très pratique, grâce à ses nombreux rangements et à son sol à toute épreuve.

Les astuces déco

• Pour renforcer l'harmonie du lieu, tous les éléments de déco ont été choisis dans une même gamme de blanc, beige ou brun.

• La froideur relative des carreaux et du sol est atténuée par l'ajout de paniers en osier et d'un vieux mannequin de couturière.

• Un grand miroir bordé d'une large moulure surmonte une grande partie de la crédence.

Le lavabo est en fait un vieux timbre d'office qui, comme de nombreux objets de la maison, vient d'une brocante. Il a simplement été posé sur un plan de travail recouvert de faïence blanche. Il est surmonté de deux robinets, séparés par un porte-savon ancien qui accentuent le charme désuet de l'ensemble.

Les bonnes adresses
d'Anne-Carole Burghgraeve

Anne-Carole Burghgraeve
Architecte d.p.l.g.
3, rue de Bonald
69007 Lyon
Tél. : 04 78 58 12 83
Port. : 06 16 82 66 67
Mél : annecarole.archi@free.fr

Les travaux

PEINTURE ET MENUISERIE
Duong Agencement
Tél. : 06 07 83 78 23

PLOMBERIE, SERRURERIE,
MENUISERIE ALU
Asia BTI
Tél. : 06 09 93 62 82

Les meubles

FLAMANT
www.flamant.com

FLY
www.fly.fr

HABITAT
www.habitat.net

IKÉA
www.ikea.com

CATALOGUE AMPM
www.laredoute.fr

HYDROPOLIS (salle de bains)
www.hydropolis.fr

Les luminaires

ESPACE LUMIÈRE
17, rue des Lombards
75004 Paris
Tél. : 01 42 77 47 71
www.espace-lumiere.fr

Les accessoires

CATALOGUE AMPM
www.laredoute.fr

CATALOGUE SO'HOME
www.sohome.fr

RÉSONANCES
Toutes les adresses sur
www.resonances.fr

Les trucs de pro à faire chez vous

• Jouez l'harmonie des teintes et des matières en choisissant les gammes de couleurs d'une pièce avec soin. Pour une ambiance chaleureuse et un esprit cocooning, privilégiez les tons de blanc, beige, brun, que vous déclinerez dans les meubles et les accessoires.

• Faites le tour des brocantes et autres vide-greniers à la recherche d'objets ou d'éléments anciens qui apporteront beaucoup de charme à votre intérieur.

• Étendez vos recherches aux matériaux comme du vieux parquet ou du carrelage ancien. Et, pour être vraiment dans la tendance, remplacez vos radiateurs en fonte classiques par des modèles anciens, légèrement ouvragés.

• Si vous ne trouvez pas de timbres d'office ou autres baignoires d'origine, rabattez-vous sur les grandes marques qui possèdent aujourd'hui quasiment toutes des modèles « à l'ancienne » qui feront parfaitement illusion !

• Pour ne pas transformer votre intérieur en annexe d'un magasin d'antiquités, mariez quelques belles pièces anciennes à du mobilier contemporain aux lignes sobres, choisi dans les gammes proposées par la grande distribution. Un seul mot d'ordre : restez tout de même dans une série de teintes neutres.

Olivier Rouvillois

Architecte d'intérieur de formation, Olivier Rouvillois définit plus volontiers son travail comme celui d'un sculpteur d'espace. C'est ainsi dans sa globalité qu'il aborde chaque lieu, en remodelant et en adaptant avec autant d'intérêt la structure générale de la pièce et la lumière qui y pénètre. Il peut ainsi tout aussi bien ouvrir d'immenses baies vitrées sur deux pans de murs perpendiculaires, multiplier les points lumineux sur une petite surface, que de transformer un lieu un peu froid en une petite alcôve cosy. De ce travail découle une architecture contemporaine qui, grâce à sa simplicité et son inventivité, réussit un parfait équilibre entre bien-être et harmonie dans un style certes luxueux, mais sans ostentation !

« Sculpter l'espace »

« JE CHERCHE L'ÉQUILIBRE ENTRE ESTHÉTISME ET BIEN-ÊTRE. »

Parfait exemple de ce travail, cette maison en banlieue parisienne.

Salon avant

Ce qui était bien

- Un grand volume à exploiter avec une imposante hauteur sous plafond.
- Un accès direct au jardin par une large terrasse.

Ce qui l'était moins…

- Une surface nue, un peu froide.

Les bonnes idées du coach

■ Pour conserver à la maison son aspect résolument moderne, les planchers reposent sur des IPN, grosses poutrelles d'acier simplement peintes en gris.

■ Les sols en béton accentuent également l'esprit loft dégagé par la maison.

■ L'atmosphère relativement froide a été réchauffée par l'apport d'éléments en bois (table basse, tabourets et sculptures).

Les étapes du relooking

■ La maison, récemment construite, était une coquille vide dans laquelle tout restait à faire. Il a donc fallu organiser entièrement l'espace pour déterminer le futur emplacement des pièces et leur aménagement.

■ Le plus gros des travaux a consisté à créer différents niveaux. La hauteur sous plafond étant immense, elle rendait possible la création de trois étages différents.

■ La plus grande partie du rez-de-chaussée a été dédiée au salon. Le sol de celui-ci est en béton, tout comme le manteau de la cheminée. Les portes-fenêtres donnant sur la terrasse ont été laissées telles quelles, même chose pour la paroi de plaques de verres située derrière la cheminée.

Pour s'harmoniser au reste de la décoration, la cheminée est recouverte de béton ciré.

Salon après

Le résultat

• Un salon sobre, sans ostentation, mais vraiment chaleureux et très agréable à vivre.

Les astuces déco

• Les éléments en bois ont des formes très peu travaillées, quasi brutes, qui se marient parfaitement à l'ambiance zen de la pièce.

• Le choix de la couleur est un élément déterminant pour apporter un peu de chaleur à l'ensemble du lieu. Lorsque l'on se trouve dans le salon, le canapé prune côtoie le tapis rouge qui sert lui-même à déterminer un petit espace bureau. Ces deux couleurs sont complémentaires du beige du bois et des teintes de gris et de noir dégagées par le sol, les sièges d'appoint et les poutrelles d'acier. Cette sélection est également en parfaite harmonie avec les teintes choisies pour recouvrir les banquettes installées dans la partie cuisine. Ainsi, quel que soit le point de vue d'où l'on se place, l'élégance et la complémentarité dominent.

Cuisine avant

Ce qui était bien

• Un espace nu, à aménager en toute liberté.

Ce qui l'était moins...

• Comme tout était à construire, il fallait être vraiment sûr des plans pour se lancer dans les travaux...

Les bonnes idées du coach

■ La cuisine a été aménagée à droite du salon. Pour conserver à l'ensemble de la maison son esprit loft, elle n'est cependant pas séparée de la pièce par une cloison, mais par une banquette recouverte de coussins colorés (voir page 106-107).

■ Le béton au sol a été choisi non seulement pour son entretien facile, mais aussi car il permet une pose uniforme, sans joints très visibles, ce qui augmente la perspective et la grandeur des pièces.

■ Pour accéder à l'extérieur, la très grande surface vitrée dégagée par les deux portes-fenêtres accentue l'effet d'espace et permet de laisser entrer un maximum de lumière dans la cuisine.

■ La miniterrasse est en fait un desk en teck, matière qui permet de faire une transition en douceur entre le béton de la cuisine et la pelouse.

■ Les éléments de cuisine ont été choisis pour leur aspect industriel qui se marie très bien à l'ambiance générale de la maison. L'achat des accessoires résulte également de la même démarche ; ainsi la hotte, les divers robots ménagers ou les suspensions sont tous en métal chromé ou brossé.

Les étapes du relooking

■ Un deuxième niveau a été créé, à droite du salon, pour accueillir la cuisine.

■ Tout comme dans le salon, le sol a été totalement recouvert de béton ciré.

■ Les murs de parpaings séparant la cuisine des pièces annexes ont été soigneusement enduits, puis repeints.

■ Le terrain étant en pente, il a été possible de créer une petite terrasse de plain-pied avec la cuisine. Tout le pan de mur est recouvert des mêmes parois de verres que celles installées dans la partie salon. L'accès à la terrasse se fait par une porte-fenêtre aux montants en aluminium.

Cuisine après

Une seule suspension aurait été perdue au milieu de l'immensité du plafond… on en a donc installé six, toutes identiques !

Le résultat

- Une cuisine au look industriel, mais qui ne manque pas de chaleur grâce à l'apport d'éléments colorés et de matières douces et confortables.

Les astuces déco

- Une table monumentale occupe toute la partie centrale de la cuisine. Elle permet à la fois de structurer l'espace et apporte, grâce au bois dont elle est faite, un peu de chaleur et de couleur à la pièce.
- Autour de la table, les rééditions de chaises dessinées par Charles et Ray Eames, au début des années cinquante donnent à la cuisine une touche intemporelle, mais toujours ultradesign.

Chambre avant

Ce qui était bien

• Encore un espace vierge à aménager en fonction des besoins spécifiques des propriétaires.

• Une très jolie vue sur le jardin.

Ce qui l'était moins…

• La nécessité de réunir une chambre et une salle de bains dans un espace relativement restreint.

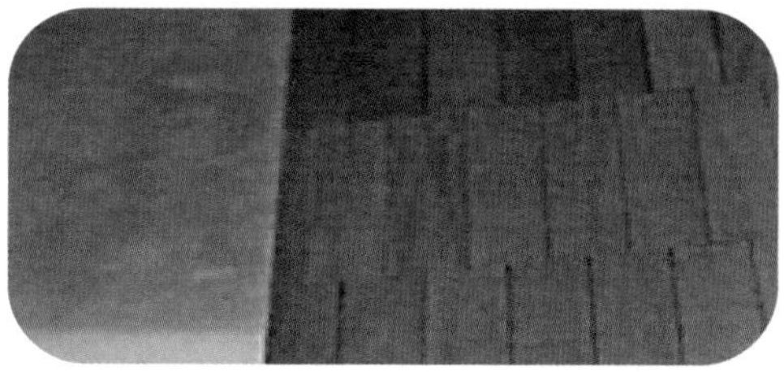

Afin de créer une séparation visuelle et pratique entre la partie chambre et la partie baignoire, le sol est en parquet côté lit et en béton côté salle de bains.

Les étapes du relooking

■ Cette chambre est située au-dessus du salon, à gauche de la cuisine. Contrairement à ces deux dernières pièces, l'espace devait être ici fermé. Les plus gros travaux ont consisté à créer un nouveau niveau dont le plancher repose sur des grosses poutrelles d'acier visibles du salon. Pour accéder aux pièces, une coursive donnant sur les parties salon et cuisine est bordée d'une balustrade en acier.

■ Afin de profiter au maximum de la vue sur le jardin, la moitié du mur extérieur est dédiée à de grandes fenêtres coulissantes qui courent tout le long de la pièce.

■ La chambre étant relativement petite, on y a intégré la salle de bains. Le lavabo repose sur un bloc en médium peint derrière lequel se cachent les tuyaux et le système de chauffage.

■ Le sol a été réalisé en parquet côté chambre et en béton côté baignoire.

Les bonnes idées du coach

■ Le but principal étant de privilégier la lumière et d'accentuer la vue sur le jardin, les fenêtres s'étendent sur toute la longueur de la pièce.

■ Le bloc placé sous la fenêtre étant destiné à accueillir le lavabo et divers éléments, les fenêtres ne s'ouvrent pas sur la chambre, mais coulissent.

■ Le parquet est constitué de petites lames de bois exotique assez foncé qui donnent de la profondeur à la pièce. Celle-ci étant très lumineuse, le choix d'un sol sombre ne posait aucun problème, d'autant que les murs et le plafond sont blancs.

■ Les montants de fenêtres sont restés bruts pour conserver ce côté naturel.

Chambre après

Un bloc réalisé dans une lame d'acier plié et muni d'une étagère fait office de chevet.

Le résultat

• Une chambre fonctionnelle, largement ouverte sur la nature environnante.

Les astuces déco

• Les poutrelles verticales et horizontales qui servent à maintenir le plafond n'ont pas été masquées et sont utilisées comme éléments de décoration à part entière.

• Comme dans les autres pièces de la maison, l'apport du bois (ici par le biais d'objets, des montants de fenêtre et du parquet) vient compenser la froideur relative des poutrelles en acier et des accessoires en aluminium.

Salle de bains avant

Ce qui était bien

• Une vue imprenable sur les environs.

• Pas de vis-à-vis sur l'une des façades.

Ce qui l'était moins...

• Une pièce aux dimensions assez réduites, faisant également office de chambre.

Les bonnes idées du coach

n La maison n'ayant aucun vis-à-vis, la vasque a été placée devant la fenêtre.

n La vasque ne repose pas directement sur le bloc en bois masquant les tuyaux, mais sur une plaque d'aluminium brossé. Ce détail permet à la fois d'éviter les dégâts dus à d'inévitables projections d'eau, mais sert également à asseoir visuellement cette partie lavabo.

n Le miroir est une longue lame montée sur pied, que l'on peut orienter à sa guise, voire déplacer à droite ou à gauche du lavabo.

n Pour masquer la vue côté baignoire, on a choisi un système de persiennes qui peut s'ouvrir vers la baignoire. Le fait qu'il soit en bois rappelle les montants des fenêtres situées sur l'autre façade.

n Comme pour celle située côté chambre, la poutrelle qui maintient le plafond côté salle de bains n'a pas été masquée par un coffrage, mais simplement incluse dans le bloc lavabo. Sa position a même servi à déterminer l'emplacement de la baignoire qui démarre de là.

n Le fait d'avoir pu masquer les tuyauteries a permis de ne placer que l'arrivée d'eau sur la baignoire, les robinets étant sur la façade du bloc.

Les étapes du relooking

n La salle de bains étant intégrée à la chambre, il a fallu définir les emplacements de la baignoire et du lavabo afin de déterminer la position des tuyaux d'arrivée et d'évacuation des eaux. Tout ce système a judicieusement été masqué derrière un bloc en bois peint, placé sous les fenêtres.

n Une des préoccupations principales étant de faire entrer un maximum de lumière dans la chambre, la partie vitrée occupe une grande surface de la paroi située face au lit. En revanche, contrairement à la façade donnant sur le jardin, le mur perpendiculaire est bordé par une maison, il a donc fallu masquer la vue.

n La baignoire en émail blanc est encastrée dans un bloc recouvert du même béton que celui utilisé au sol.

Salle de bains après

Les persiennes étant sensibles à l'eau, elles peuvent être protégées par un rideau imperméable qui coulisse sur une fine tringle.

Le résultat

• Une salle de bains très pratique à utiliser, en parfaite harmonie avec la chambre dont elle partage l'espace.

Les astuces déco

• Les accessoires de salle de bains (pots, gobelets, porte-savons) sont en marbre gris qui apporte une touche de minéralité dans cet ensemble où l'acier et le bois dominent.

• Le porte-serviettes est une simple tige de métal fixée sur la plaque placée sous le lavabo : sobre et pratique.

• Dans l'angle de la pièce, une lampe boule diffuse un halo dont la lumière très douce est un appoint agréable, dès que la nuit tombe.

Les bonnes adresses
d'Olivier Rouvillois

Showroom : La Maison
13/15, rue Gaston-Latouche
92210 Saint-Cloud

Tél. : 01 41 12 20 29
Port. : 06 07 31 80 54
Mél : olivier.rouvillois@free.fr

Les meubles

ÉTAT DE SIÈGE
1, quai Conti
75006 Paris
Tél. : 01 43 29 31 60
www.etat-de-siege.ch

THE CONRAN SHOP
117, rue du Bac
75007 Paris
Tél. : 01 42 84 10 01
www.conranshop.fr

SILVERA
www.silvera.fr

MADE IN DESIGN
www.madeindesign.com

PERSONA GRATA
38, rue Croix-des-Petits-Champs
75001 Paris
Tél. : 01 42 97 44 44
www.personagrata.com

AUTOUR D'UN CANAPÉ
89, boulevard de Sébastopol
75002 Paris
Tél. : 01 40 26 12 89
www.autourduncanape.fr

OLIBAN
29, rue Bonaparte
75006 Paris
Tél. : 01 43 25 70 77
www.oliban.fr

HAR DESIGN
75, quai de la Gare
75013 Paris
Tél. : 01 53 61 37 61
www.hardesign.fr

BoConcept
www.boconcept.fr

Les luminaires
ESPACE LUMIÈRE
17, rue des Lombards
75004 Paris
Tél. : 01 42 77 47 71
www.espace-lumiere.fr

MADE IN DESIGN
www.madeindesign.com

Les accessoires
CATALOGUE AMPM
www.laredoute.fr

WORLDSTYLE DESIGN
203 *bis*, boulevard Saint-Germain
75007 Paris
Tél. : 01 40 26 92 80
www.le-webstore.com

Les trucs de pro à faire chez vous

• Donnez à vos pièces un aspect industriel en multipliant les objets ou les meubles en aluminium (lisse ou brossé). N'oubliez cependant pas de réchauffer l'ambiance, en ajoutant quelques matières chaleureuses comme du bois ou des coussins moelleux choisis dans des matières naturelles.

• Ne cachez pas les éléments existants (poutrelles, poteaux...), mais utilisez-les comme pièces de déco à part entière.

• Dans la mesure du possible, encastrez les tuyaux ou les systèmes d'évacuation (peu esthétiques) dans des coffrages. N'oubliez pas d'installer des trappes de visite afin de pouvoir accéder à certains éléments importants, comme des robinets d'arrivée d'eau.

• Privilégiez la lumière ! Mieux vaut donc parfois sacrifier une cloison ou une porte pour rendre une pièce bien plus lumineuse.

• Harmonisez les ambiances en associant des couleurs complémentaires ou opposées, ou encore des couleurs chaudes ou froides. Vous pouvez également opter pour des mariages de teintes sourdes et relativement neutres, comme des teintes minérales (taupe, chocolat, gris...), végétales (tous les tons de verts), ou différentes nuances de beiges qui vont avec tout.

d.mesure
Élodie Sire

Diplômée de l'ESAM (école d'architecture intérieure) en 1998 après cinq ans d'études, Élodie Sire est entrée au cabinet SMD pour lequel elle a réalisé de nombreux chantiers, dont cet appartement que nous vous présentons.
Adepte d'un style sobre et épuré, largement fondé sur l'emploi de matériaux de récupération et de meubles chinés au fil des brocantes ou dans les allées des marchés aux puces, Élodie Sire décline désormais son savoir-faire pour l'agence d.mesure, qu'elle a fondée en 2007.
D'appartements en hôtels, en passant par des boutiques ou des lieux atypiques, elle distille désormais son talent en France et à l'étranger et impose sa touche subtile, celle d'un des talents montants de la décoration.

La philosophie du coach

« MÉLANGEZ DES ÉLÉMENTS NEUFS ET DES MEUBLES CHINÉS. »

Pour donner une âme à votre maison, choisissez des meubles qui ont déjà vécu, mais, pour privilégier le confort, mariez-les avec des équipements neufs.

« Un esprit récup ultraconfortable »

Salon avant

Ce qui était bien

- Un très grand appartement qui avait été entièrement vidé, laissant une coquille vide où tout était autorisé !
- Une belle lumière distribuée par de larges fenêtres.
- Un immeuble des années trente avec des volumes intéressants.
- De grandes hauteurs sous plafond.
- Quelques poutres apparentes pouvant servir d'éléments de décoration.
- Une importante liberté d'action pour entamer et réaliser des travaux de grande envergure.

Ce qui l'était moins…

- Des matériaux de base assez banals, ou pour le moins pas assez intéressants pour donner une âme à l'appartement.

Les étapes du relooking

■ Avant l'intervention d'Élodie Sire, l'appartement avait été entièrement vidé et dépourvu de ses cloisons ; seuls deux murs porteurs subsistaient dans cet espace où toutes les circulations étaient à réinventer.

■ Le salon, qui occupe une importante surface de l'appartement, a simplement été repeint dans une couleur beige mastic avec une peinture acrylique. La partie la plus importante des travaux a consisté à ôter l'ancien parquet dans sa totalité pour le remplacer par un sol en chêne vieilli qui court désormais dans tout l'appartement.

■ Les poutres n'ont pas été coffrées, mais laissées telles quelles et peintes en blanc pour conserver une unité de teintes et ne pas couper visuellement la perspective du plafond.

■ Les radiateurs sans âme ont été remplacés par des modèles anciens.

Les bonnes idées du coach

■ Afin de créer une unité dans tout l'appartement et accentuer l'esprit récup cher à la décoratrice, le nouveau parquet est constitué des mêmes lames de bois en chêne vieilli. Puisqu'il est difficile de trouver des lots de parquet ancien ayant exactement la même patine, voire les mêmes largeurs de lames, le sol a été réalisé sur commande par un artisan. L'illusion d'un parquet d'origine, patiné par le temps, est parfaite !

■ Les tuyaux de chauffage n'ont pas été peints pour laisser à la pièce son charme brut. Leur présence ponctue également la verticalité des fenêtres à pan coupé, un des éléments majeurs du décor.

Salon après

Les radiateurs ne sont pas d'origine ! Ils ont été chinés chez un spécialiste qui les sable pour leur redonner cet aspect brut, très original.

Le résultat

- Un charme intemporel qui donne immédiatement un sentiment de confort et de sérénité.

Les astuces déco

- La grande majorité des objets présents dans le salon a été chinée aux puces. Le côté volontairement hétéroclite des éléments qui composent la pièce accentue le sentiment que ce salon a toujours existé sous cette forme alors qu'il n'a été créé que très récemment.
- Les lampes sont également anciennes. Pour améliorer leur aspect, elles ont été habillées d'abat-jour neufs.

Cuisine avant

Ce qui était bien

• La possibilité de recréer une cuisine de toutes pièces, à l'endroit de son choix.

• Une belle hauteur sous plafond permettant des aménagements intéressants.

Ce qui l'était moins…

• La contrainte de devoir amener tous les systèmes de tuyauterie et d'évacuation d'eau, ainsi que l'extraction d'air pour la hotte aspirante.

Les bonnes idées du coach

■ À part l'électroménager et les meubles fixes, la grande majorité du mobilier a été chinée. Cette accumulation d'objets et de meubles dépareillés contribue à accentuer le charme indéniable dégagé par cet appartement.

Les étapes du relooking

■ La plomberie a nécessité un travail très important. Comme la pièce a été entièrement créée, les divers tuyaux ont dû être masqués sous le sol et dans les cloisons.

■ Les éléments de la cuisine (meubles, hotte en verre maintenue par une armature métallique…) ont été réalisés sur mesure par un cuisiniste.

■ Une fois le gros œuvre terminé, le sol a été recouvert de dalles de pierre bleue de Belgique, un matériau noble et très chaleureux.

■ Des spots encastrés dans le faux plafond en staff diffusent une lumière ponctuelle.

Cuisine après

Le résultat

• Une cuisine au charme ancien, mais bénéficiant de toutes les commodités actuelles.

Les astuces déco

• Une guirlande de petits lumignons accrochés à la crédence crée une ambiance colorée très poétique.

• Un rideau rouge filtre la lumière pour la rendre chaude et douce.

• Des chaises dépareillées renforcent l'esprit brocante dégagé par la pièce.

• La structure en verre armé à l'ancienne cache la hotte moderne en inox.

La porte de la cuisine est un objet de décoration à part entière. Chinée aux puces de Saint-Ouen, cette porte indienne a été laissée telle quelle et n'a donc subi aucun décapage ni traitement.

Chambre avant

Ce qui était bien

• Une nouvelle pièce aux volumes agréables, pourvue d'une grande fenêtre.

Ce qui l'était moins...

• L'obligation de recréer une ambiance chaleureuse dans une pièce froide et sans intérêt.

Les bonnes idées du coach

■ La tête de lit est constituée d'un panneau de boiserie ancienne, qui devait certainement orner le salon d'une riche demeure. Il a retrouvé une deuxième vie sous cet aspect et l'on jurerait les dimensions du lit taillées pour lui.

■ L'aspect chaud et vécu de la patine murale renforce le sentiment de cocon dégagé par la pièce ; une peinture lisse, sans effet, lui aurait donné un style beaucoup moins chaleureux.

■ Zen et sobriété règnent en maître dans cette chambre que l'on n'a pas jugé bon d'encombrer de tables de chevet.

■ Les sources de lumière sont principalement constituées d'une lampe sur pied dont l'élégant abat-jour lui donne un charme désuet. De l'autre côté du lit, une lampe à pince de type industriel casse le style un peu plus apprêté de son homologue, tout en formant, avec elle, un ensemble parfaitement harmonieux.

■ La lumière extérieure est subtilement tamisée par des rideaux en lin. Dès le soir, des doubles-rideaux en lin plus épais masquent la chambre des regards extérieurs.

Les étapes du relooking

■ Comme dans tout le reste de l'appartement, le sol a entièrement été démonté pour être remplacé par le même parquet en chêne que celui utilisé pour les autres pièces.

■ Pour accentuer l'aspect « vécu » de la chambre, les murs ont été peints, puis patinés par un artisan spécialement venu d'Espagne pour l'occasion.

■ Afin de créer une surface de rangement qui s'harmonise parfaitement au reste de la déco, le placard situé à droite du lit est fermé par une porte en chêne massif, teintée marron glacé, elle-même découverte au fil des rencontres avec les antiquaires et les brocanteurs qui ont fourni la quasi-totalité des meubles de l'appartement.

Chambre après

La petite lampe qui sert d'éclairage d'appoint a volontairement été laissée « dans son jus », avec ses éclats de peinture qui font tout son charme.

Le résultat

• Luxe, calme et volupté, pour une chambre tout en douceur et en sérénité, grâce à l'emploi de matériaux nobles et chaleureux.

Les astuces déco

• Le linge de lit et les rideaux sont en lin et en coton. Impensable, en effet, d'utiliser la moindre matière synthétique lorsqu'il s'agit de la marier avec des bois patinés ou des murs à l'aspect vieilli.

• Toutes les teintes sont sobres et sourdes, seule une touche de rouge apporte un brin de fantaisie dans ce décor des plus neutre.

Salle de bains avant

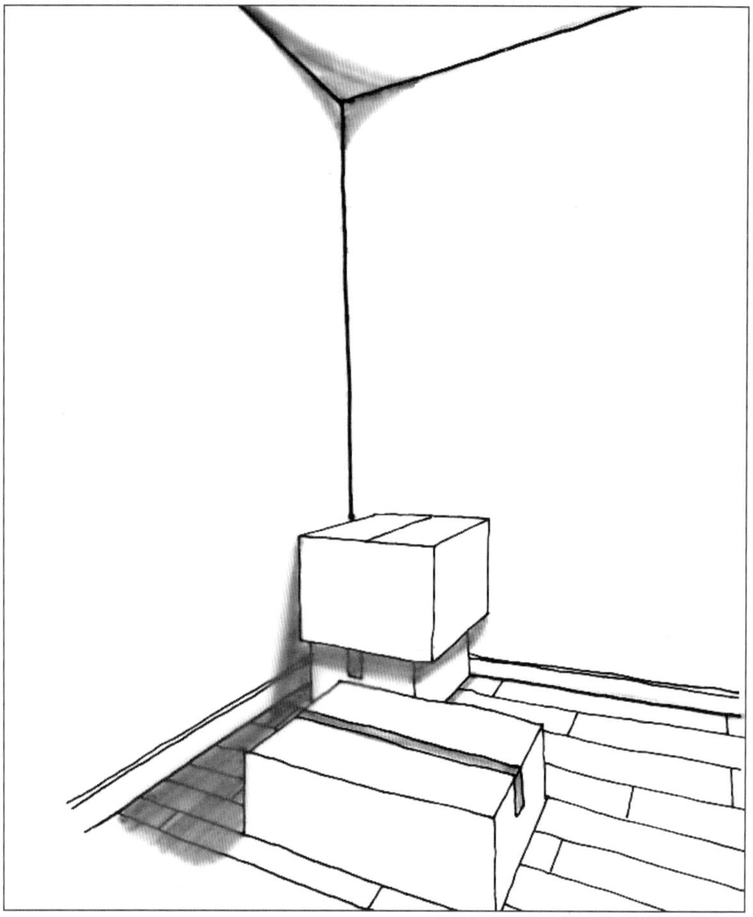

Les étapes du relooking

■ La salle de bains n'existait pas à cet endroit ; malgré son aspect vécu, elle a été entièrement créée pour les besoins du propriétaire.

■ La baignoire a été placée dans une sorte d'alcôve surmontée d'un faux plafond dans lequel se cachent les tuyaux d'eau alimentant le large pommeau de douche carré qui émerge au centre.

■ Les murs et le plafond de la salle de bains sont recouverts d'une peinture gris mastic. Quant à l'encadrement de la baignoire, il a été réalisé sur mesure à base de larges plaques de zinc de récup. Autrefois posé sur des planches en bois, celui-ci en a absorbé les formes, ce qui lui donne cette impression de lames verticales, toute particulière.

■ Le sol et la façade de la baignoire sont aussi recouverts de plaques de zinc, mais celui-ci est lisse et poli.

Ce qui était bien

• Une nouvelle salle de bains dont les dimensions pouvaient être établies sans contraintes particulières.

Ce qui l'était moins...

• La nécessité d'entreprendre des gros travaux et de trouver les matériaux nécessaires à la réalisation de cette pièce un peu hors normes.

Les bonnes idées du coach

■ Toutes les couleurs de l'appartement s'harmonisent les unes aux autres, renforçant ainsi le sentiment d'unité d'une pièce à l'autre.

■ Du zinc neuf aurait certainement été très joli, mais le fait que celui utilisé ici ait eu une première vie lui confère un aspect vraiment original.

■ Pour ne pas dénaturer l'ambiance cocooning de la salle de bains, il était difficile d'envisager la pose d'un pare-douche en verre. Une protection étant néanmoins indispensable (le pommeau partant du plafond et causant d'inévitables éclaboussures), Élodie Sire a choisi un système de rideaux à œillets. Deux filins ont été installés de part et d'autre de la baignoire, sur toute sa largeur. Sur le premier a été tendue une toile parachute blanc cassé, totalement imperméable ; sur le second repose un rideau décoratif, en lin gris-bleu, qui masque le premier et renforce l'ambiance chaleureuse de la pièce.

■ On a profité de la construction du faux plafond au-dessus de la baignoire pour y encastrer un spot qui offre une lumière bienvenue lorsque les rideaux sont fermés.

Salle de bains après

Le résultat

• Une salle de bains très originale grâce à l'utilisation du zinc comme matériau de base.

Les astuces déco

• Des gros cache-pots rectangulaires en métal accueillent des plantes vertes dont la teinte s'accorde à merveille avec celle du zinc.

• Les rideaux placés à l'extérieur de la baignoire sont réalisés dans un lourd lin gris-bleu. Leur couleur et leur matière sont ainsi en parfaite harmonie avec le métal prédominant dans la pièce.

Un large robinet diffuse un jet très élégant – et des plus efficace pour remplir la baignoire. Sur le rebord de cette dernière, des lettres en zinc (Résonances) forment la partie d'un mot et ponctuent la large utilisation du zinc dans cette salle de bains.

Les bonnes adresses
d'Élodie Sire

d.mesure
14, rue Eugène-Sue
75018 Paris
Tél. : 01 42 02 82 72
Port. : 06 13 83 47 77
Mél : agence@dmesure.fr

Les meubles

CANAPÉ
Bruder
Annie Paté
Tél. : 01 44 18 09 05

MEUBLE, MIROIR…
L'Éclaireur
10, rue Hérold
75001 Paris
Tél. : 01 40 41 08 07

RADIATEURS
Société Alphamétal Recyclage
6, rue Michelet
93100 Montreuil
Tél. : 01 48 57 34 34
infos@radiateurfonte.com
www.radiateurfonte.com

ZINC
Établissements Arzinc
84, rue de la Chapelle
75018 Paris
(atelier showroom – uniquement sur rendez-vous)
Tél. : 01 40 09 74 46
arszinc@aol.com

CUISINE
Cap Shore
26, rue des Plantes
75014 Paris
Tél. : 01 49 27 90 00

PUCES DE SAINT-OUEN
Marché Serpette
110, rue des Rosiers
93400 Saint-Ouen
www.parispuces.com

MOMENTS, marché Vernaison
Allée 1, stand 13
francoishilderal@hotmail.fr
Port. : 06 82 90 72 08

Les luminaires

Lustre SAM
Yvelines Antiquités
4, rue de Furstemberg
75006 Paris
TÉL. : 01 43 26 56 91

Les accessoires

RÉSONANCES
www.resonances.fr

TISSUS
Jeannine Cros
11, rue d'Assas
75006 Paris
Tél. : 01 45 48 00 67

FONTAINE, quincaillerie ancienne
190, rue de Rivoli
75001 Paris
Tél. : 01 42 61 51 53

MIS EN DEMEURE
27, rue du Cherche-Midi
75006 Paris
Tél. : 01 45 48 83 79

Les trucs de pro à faire chez vous

• Épurez vos pièces en ne gardant que les éléments indispensables (canapé, table basse, lit, lampe, etc.).

• Choisissez des teintes sourdes, douces et harmonieuses, qui se marient les unes aux autres et se répondent de pièce en pièce.

• Privilégiez les objets ayant une histoire, mais cédez au confort du neuf pour les meubles tels que les canapés ou les lits.

• Ponctuez votre déco zen et épurée de quelques touches de couleurs par le biais de petits objets comme des photophores ou des abat-jour.

• Ne reculez pas devant l'aspect parfois un peu repoussant d'un meuble ou d'un objet ancien. En effet, après quelques coups de papier de verre, une vieille commode pourra retrouver une patine et un charme incomparables. Pour une lampe, il suffira parfois d'en changer simplement l'abat-jour pour qu'elle retrouve une nouvelle jeunesse.
Un aspect vraiment brut et vieilli peut également avoir beaucoup de charme, il suffit de l'insérer dans un décor à sa hauteur.

• N'hésitez pas à détourner les matériaux. Par exemple, le zinc, plus habitué aux toitures qu'à l'intérieur des maisons, peut être splendide dans une salle de bains.

Dekobat
Phlippe Bellon

Au sein de la société Dekobat, Philippe Bellon s'est spécialisé dans la rénovation d'appartements haut de gamme, de bureaux et de boutiques.

De la conception à la réalisation du chantier, en passant par son suivi complet, il met ses vingt ans d'expérience au service de clients aussi exigeants qu'il peut l'être lui-même.

Amoureux des endroits épurés et fonctionnels, il n'hésite pas à abattre des cloisons et restructurer entièrement des espaces pour redistribuer les pièces de façon plus rationnelle. Autre point d'orgue de son travail, la quête de la lumière qu'il traque de pièce en pièce pour en profiter de manière optimale.

Une vision du luxe très contemporaine, qui ne manque cependant pas d'inventivité et d'une pointe de fantaisie grâce à l'apport de quelques touches colorées venues dynamiser cette perpétuelle recherche de l'épure.

CREW
12
DE CALIFORNIE

La philosophie du coach

« Redéfinir l'espace »

« Pour vraiment vous sentir bien dans un lieu, privilégiez les volumes et la lumière. »

C'est ce qu'a fait P. Bellon, en transformant cet ancien quatre-pièces en un spacieux deux-pièces.

Salon avant

Ce qui était bien

• Des grandes fenêtres distribuant une généreuse lumière.

• Une belle surface de base.

Ce qui l'était moins...

• Des pièces petites, distribuées par un long couloir.

• Un mur porteur de 12 m de long.

Les bonnes idées du coach

■ Le fait de refaire le plafond a non seulement permis d'éviter quelques travaux de restauration, mais aussi de masquer les tringles à rideau dont la vue a souvent tendance à casser l'effet d'espace. Le faux plafond cache également des spots encastrés qui offrent ponctuellement une source de lumière pratique et esthétique.

■ Pour structurer ce nouvel espace de grande ampleur, Philippe Bellon a joué sur l'emploi de la couleur, notamment le noir et le blanc, certes sobres, mais toujours élégants. Le salon se divise en deux lieux distincts : dans le prolongement de la salle à manger se trouve un coin assez cosy dans lequel deux canapés en cuir blanc encadrent une table basse faite d'une feuille d'acier pliée et réalisée sur mesure. À l'angle opposé, un canapé noir permet de regarder confortablement la télévision installée face à lui. Le mur situé à sa droite est entièrement recouvert de placards réalisés de telle sorte qu'ils se fondent au mieux dans la pièce et se fassent les plus discrets possible !

■ Pour adoucir la relative austérité du blanc et du noir, un large aplat fuchsia égaye un des murs de la pièce, et deux fauteuils recouverts du même ton apportent leur touche colorée.

Les étapes du relooking

■ Pour transformer cet ancien quatre-pièces en un deux-pièces vaste et lumineux, il a fallu abattre de nombreuses cloisons. Parmi celles-ci, un mur porteur de 12 m qui a dû être remplacé par une poutrelle d'acier.

■ Afin de masquer ce nouvel élément et les traces laissées par les anciennes cloisons, un nouveau plafond a été construit, 30 cm en dessous du niveau de l'ancien. Cette étendue lisse et d'un blanc immaculé s'étend désormais sur toute la surface de l'appartement.

■ Le parquet a entièrement été démonté afin de permettre la création d'une nouvelle chape courant sur l'ensemble de l'appartement. Les lames ont ensuite été replacées, puis peintes en blanc.

Salon après

Décor minimaliste pour ce petit salon qui n'en est pas moins des plus accueillant.

Le résultat

• Un nouvel espace, largement ouvert, qui évite les contraintes de circulation entre les pièces et permet de bénéficier au mieux de la lumière.

Les astuces déco

• Pour conserver une certaine intimité dans la journée et tamiser la lumière, les fenêtres sont masquées par des stores bateau en lin blanc.

• Les choix des formes, des matières, des couleurs et des imprimés aident à structurer l'espace tout en lui donnant sa personnalité.

Cuisine avant

Les étapes du relooking

■ La cuisine a trouvé une nouvelle place dans le prolongement du salon. Comme pour le reste des pièces, elle est surmontée d'un nouveau plafond, réalisé d'un seul tenant avec le reste de l'appartement.

■ Le sol de la cuisine prolonge celui du salon. La nouvelle chape a permis d'encastrer toutes les tuyauteries et les écoulements d'eau.

■ La plupart des murs étant de travers, ils ont été reconstruits de telle sorte que les perspectives soient désormais rectilignes et harmonieuses.

■ Tous les meubles de la cuisine ont été réalisés sur mesure. Tout comme les immenses placards aux portes en Plexiglas situés au-dessus du plan de travail.

Ce qui était bien

• Le fait de pouvoir bénéficier d'un nouvel emplacement, pour une toute nouvelle cuisine.

Ce qui l'était moins…

• De gros travaux à réaliser.

Les bonnes idées du coach

■ Le fait d'avoir abattu les cloisons permet à la lumière de traverser l'appartement, qui bénéficie ainsi d'une grande luminosité quelle que soit l'heure de la journée.

■ Pour créer une séparation sans masquer la vue, Philippe Bellon a fait réaliser une verrière sur mesure. Une cloison pleine masque les meubles bas ainsi que le grand placard mural. Petite astuce, l'architecte a un peu empiété dans la profondeur de celui-ci pour créer une niche accessible depuis la salle à manger, et qui permet d'exposer quelques œuvres ou sert de rangement. Comme pour les autres niches de l'appartement, le fond de celle-ci a été peint d'une couleur vive, ce qui en fait un élément de décoration à part entière.

■ L'espace étant ouvert, il était indispensable que la vue ne soit pas perturbée par trop d'éléments de cuisine ou du désordre. Cet éventuel problème a été pallié dès la conception de la pièce qui inclut de très nombreux placards offrant une grande surface de rangement. L'électroménager est encastré et se fond ainsi dans le décor.

■ La lumière de la cuisine est principalement fournie par des spots insérés dans le faux plafond.

Cuisine après

Le résultat

• Une cuisine relativement petite, mais qui reste toujours parfaitement ordonnée grâce à sa fonctionnalité et à son grand nombre de rangements.

Les astuces déco

• L'harmonie des pièces tient à l'unité de teintes et de matières utilisées pour la décoration. Noir, blanc, inox, gris, le tout réveillé par une touche de rose et de prune sont ainsi les seules couleurs présentes dans l'appartement.

• Une longue suspension éclaire la table d'une lumière douce, mais efficace.

L'appartement étant en duplex (l'étage supérieur abrite un autre salon), il fallait créer un escalier. Philippe Bellon a dû sacrifier l'esthétique à la sécurité en conservant un poteau vertical situé à l'emplacement de l'ancien mur porteur. Afin de ne pas perturber l'harmonie générale, l'escalier se fait extrêmement discret.

Chambre avant

Les étapes du relooking

■ La chambre se situe désormais à la place de l'ancienne cuisine. Il a donc fallu éliminer tous les anciens éléments et refaire entièrement les murs et le sol.

■ Une des parois étant vraiment de travers, elle a été redressée par l'ajout de placages. La présence de divers conduits à cet endroit s'avérait problématique, mais cet inconvénient s'est transformé en avantage pour créer autour ce système de niches colorées, subtilement éclairées par des spots encastrés.

■ Les portes de la pièce ont disparu au profit de parois coulissantes masquées dans l'épaisseur de la cloison.

Ce qui était bien

• La possibilité de recréer une pièce dans un espace entièrement restructuré.

Ce qui l'était moins…

• L'endroit choisi pour le nouvel emplacement de la chambre accueillait autrefois la cuisine, ce qui imposait des travaux d'assez grande envergure.

• Un des murs de la pièce était de travers et encombré par plusieurs conduits.

Les bonnes idées du coach

■ Le fait de redistribuer entièrement la position des pièces a permis de placer la chambre côté cour ; elle ne souffre plus ainsi des nuisances de la rue.

■ La chambre n'étant pas très grande, il aurait été dommage de l'encombrer par des tables de chevet. Les niches servent donc à la fois de source de lumière et d'endroit pour poser quelques livres ou objets.

■ Le parti pris de supprimer les portes de la chambre accentue la sensation d'espace, quel que soit le point de vue d'où on se place. On peut néanmoins facilement retrouver l'intimité en refermant les panneaux coulissants masqués dans les cloisons.

■ Les niches colorées sont non seulement pratiques (car elles jouent également le rôle de tables de chevet), mais elles sont aussi très esthétiques et ponctuent la décoration de leur touche vive et gaie. La restructuration complète des murs a permis d'y insérer des spots qui mettent les objets en valeur et servent d'éclairage ponctuel dans cette chambre zen mais chaleureuse.

Chambre après

Les spots encastrés permettent de mettre en valeur les sculptures exposées dans les niches.

Le résultat

• Une chambre à la décoration minimaliste, mais dont les couleurs chaleureuses créent une ambiance très accueillante.

Les astuces déco

• Un jeu de lignes verticales et horizontales (déclinées par les niches ou sur les rideaux) permet de structurer l'espace.

• Des sculptures classiques et une belle gravure relativisent le côté moderne de la décoration et apportent une certaine chaleur à l'ensemble de la pièce.

Salle de bains avant

Ce qui était bien

• L'opportunité de pouvoir placer la salle de bains dans le prolongement de la chambre et d'en déterminer les dimensions en fonction de ses besoins.

Ce qui l'était moins…

• L'obligation d'installer de tout nouveaux systèmes de tuyauterie et d'écoulement des eaux.

Les étapes du relooking

■ La salle de bains a été recréée de toutes pièces. Elle jouxte désormais la chambre pour davantage de commodité, et englobe la partie toilettes, jusque-là excentrée.

■ Les dimensions de la salle de bains ont été établies en fonction de celles de la baignoire. Les deux extrémités de celle-ci déterminent ainsi la longueur de la pièce.

■ Les murs cachent toutes les tuyauteries. Ils sont recouverts de carreaux de pierre blonde.

■ Les meubles en wengé ont été faits sur mesure. Dessus reposent deux vasques dessinées par Philippe Starck.

Les bonnes idées du coach

■ La baignoire bénéficie d'un double système d'arrivée d'eau. Un robinet diffuse un large flot, parfait pour remplir la baignoire, qui il est également muni d'une douchette, facilement utilisable depuis le bain. Une seconde installation, constituée d'une grosse pomme et d'un variateur, permet de prendre de vraies douches dans des conditions optimales.

■ La paroi de douche est faite d'un verre fixe monté sur un châssis chromé. Sa transparence la rend totalement invisible, afin de préserver la perspective et le désir d'espace chers au designer.

■ Pour égayer la pièce, le mur situé au-dessus de la partie lavabo a été entièrement recouvert de rose dont la teinte se marie à merveille avec celles utilisées dans la salle de bains.

■ Toujours dans un but de légèreté et de transparence, le grand miroir (Kartell) est encadré de Plexiglas.

■ À l'angle opposé de la douche, une niche a été réalisée dans la cloison et permet d'obtenir une surface de rangement supplémentaire et facilement accessible de la baignoire.

Salle de bains après

Le résultat

• Une salle de bains très zen, mais sans austérité grâce à l'emploi de la couleur.

Les astuces déco

• Le choix de matières sobres et nobles contribue largement au sentiment de bien-être dégagé par la pièce.

• Le rose des serviettes vient rappeler la couleur du mur, mais le linge de bain aurait tout aussi bien pu être choisi dans les tons du meuble ou ceux des carreaux.

Les bonnes adresses
de Philippe Bellon

dEkobat

34, rue Davioud
75016 Paris
Tél. : 01 40 50 05 85

Les meubles

TABLES, MÉTALLERIE
Tramp
6-8, rue de la Corderie
75003 Paris
Tél. : 01 42 72 44 94

CANAPÉS
ADL
218, avenue du Président-Wilson
93210 La-Plaine-Saint-Denis
Tél : 01.42.43.66.00

CUISINE SUR MESURE
La Fontaine aux cuisines
43, rue La Fontaine
75016 Paris
Tél. : 01 42 24 74 24

CHAISES
Tolix
- sur www.homology.com
- sur www.persona-grata.com
- dans le catalogue AMPM, www.laredoute.fr

Les accessoires

KARTELL
sur www.voltex.fr

TISSUS ET RIDEAUX
Île Saint-Louis Décoration
51, rue Saint-Louis-en-l'Île
75004 Paris
Tél. : 01 43 29 86 62

Les luminaires

Le Bon Marché
4, rue de Sèvres
75007 PARIS
www.lebonmarche.fr

Les trucs de pro à faire chez vous

• Privilégiez les espaces aérés. N'hésitez pas à abattre des cloisons, par exemple pour réunir la cuisine et la salle à manger. Si possible, remplacez certaines portes par des parois coulissantes qui augmenteront les ouvertures entre les pièces et contribueront à les faire paraître plus grandes.

• Optez pour une décoration à base de tons neutres (blanc, noir, beige, marron foncé, etc.), que vous pourrez ponctuer par quelques touches de couleur. Avant de faire vos achats, rassemblez quelques échantillons et mariez-les afin de choisir des teintes qui s'harmonisent parfaitement. Une fois que vos choix sont arrêtés, essayez de vous y tenir lorsque vous achèterez de nouveaux accessoires au fil des mois.

• Offrez-vous quelques belles pièces de décoration (tableaux, sculptures...) toujours en harmonie avec les tons que vous avez employés dans les endroits où elles seront exposées.

• Multipliez les rangements afin de pouvoir dissimuler tous les objets qui viendraient perturber la vue et ainsi limiter le sentiment d'espace dégagé par les pièces.

• N'hésitez pas à inclure l'acier à votre déco. Marié à des matières chaleureuses, il perd toute sa froideur !

Inside A
Anneli Dubois-Wernerheim

D'origine suédoise, Anneli Dubois-Wernerheim s'installe en France en 1995. Après avoir exercé le métier de commerciale, elle décide de changer de voie pour se consacrer à sa passion : la décoration. De 2002 à 2005, elle fait ses classes à l'école Boulle et fonde, une fois diplômée, sa propre entreprise de conseil en aménagement et décoration d'Intérieur : inside A Sarl.

Particulièrement à l'écoute de ses clients, son but est d'adapter les lieux où ils vivent à leurs besoins et à leur personnalité, et non l'inverse ! Forte du principe que chaque intérieur recèle un potentiel caché qui peut être exploité pour rendre la vie plus agréable, elle met un point d'honneur à le trouver ! C'est souvent une simple affaire de bon sens, de petites astuces pratiques... et de créativité, autant de qualités qui ne lui manquent pas.

Un style simple et abordable pour des intérieurs chaleureux, très fonctionnels et vraiment agréables à vivre.

HANNIBAL
CHARLES VII

« Privilégier les bonnes idées »

« VOUS POUVEZ RELOOKER ENTIÈREMENT VOTRE MAISON SANS POUR AUTANT AVOIR UN BUDGET FARAMINEUX. »

S'il est indispensable de s'offrir les services d'un professionnel pour réadapter un espace (casser des cloisons, créer de nouvelles ouvertures...) et de suivre ses conseils de décoration, inutile de vous ruiner pour acheter votre mobilier.
La grande distribution, et quelques talents de customisation, vous offrent désormais toutes les opportunités pour vous meubler à moindres frais tout en suivant les dernières tendances.

Salon avant

Ce qui était bien

• Une pièce très lumineuse donnant sur le jardin.

• Une belle hauteur sous plafond amplifiant la sensation d'espace.

Ce qui l'était moins…

• La pièce servait à l'origine de salle à manger, mais la distance avec la cuisine rendait l'endroit peu pratique. De plus, la table masquait la cheminée, ce qui lui ôtait tout aspect convivial.

Les bonnes idées du coach

■ Le salon a été installé à la place de l'ancienne salle à manger, ce qui permet un accès direct vers le jardin. En outre, on profite désormais de la cheminée qui accentue l'aspect convivial du lieu et invite davantage au rassemblement en famille ou entre amis.

■ La cheminée classique d'origine a été remplacée par un poêle design à effet radiant particulièrement apprécié pour ses vertus chauffantes. Ce choix vient également du fait que les conduits dans la région sont souvent de faibles diamètres et ne supporteraient pas des systèmes à insert. C'est donc la solution idéale, qui permet de chauffer tout le rez-de-chaussée en hiver, et qui a donc évité d'installer un système de chauffage central, compliqué et coûteux.

■ Les lignes droites et strictes du poêle ont été adoucies par l'application au mur de galets au toucher doux et à l'aspect chaleureux. Ces galets, à l'origine destinés au sol, ont été collés au mur avec une résine spéciale conçue pour résister à des températures élevées.

Les étapes du relooking

■ Au départ, la pièce qui sert aujourd'hui de salon était fermée sur sa partie gauche. Le plus gros des travaux a donc consisté à abattre ce mur pour créer une autre pièce qui vient elle-même rejoindre une ancienne dépendance. Pour conserver à l'ensemble un charme ancien, l'ouverture sur le jardin est constituée d'une verrière haute dont les montants en acier rappellent ceux d'un atelier. Pour éviter des chocs thermiques et des différences de température trop importantes, un toit terrasse et des soubassements en dur ont été construits ; les fenêtres sont munies de doubles vitrages.

■ Le sol a entièrement été recouvert de parquet en chêne massif brossé, à larges lattes, qui contribue à l'aspect cosy dégagé désormais par les deux pièces.

Salon après

Pour contraster avec l'esprit légèrement austère de la table et des chaises, un classique abat-jour en toile a été habillé de plumes blanches.

Le résultat

• Un véritable espace salon et une toute nouvelle salle à manger dont les aménagements ont permis de transformer un endroit petit et confiné en une agréable pièce à vivre.

Les astuces déco

• Les teintes de beiges et de marron des galets encadrant la cheminée se marient à merveille au reste de la décoration.

• Une petite touche vintage est apportée par l'imprimé des rideaux et la forme des chaises en osiers dénichées dans la grande distribution.

Cuisine avant

Ce qui était bien

• Une belle source de lumière venant de l'extérieur.

• Une situation excentrée dans la maison : un emplacement parfait pour y faire une cuisine.

Ce qui l'était moins…

• Une pièce relativement petite, située côté rue, donc sans accès vers le jardin, et dont les fenêtres devaient toujours être occultées pour éviter les regards indiscrets.

• Un endroit un peu bruyant de par sa proximité avec la rue : pas un lieu idéal pour un salon !

Les étapes du relooking

■ La cloison qui séparait l'ancien salon de l'actuelle salle à manger a été abattue.

■ Cet espace faisait auparavant office de salon, il a donc fallu y amener tous les installations d'arrivée et d'écoulement des eaux. Heureusement, celles-ci étaient accessibles depuis la cave située juste en dessous de la pièce ! Tout a donc été relié lors de la réfection du sol.

■ Le bar a été réalisé sur mesure par un menuisier.

Les bonnes idées du coach

■ La cuisine est désormais une pièce ouverte, simplement séparée du séjour par un bar qui renforce l'esprit convivial de l'endroit.

■ La suspension située au-dessus du bar est à la fois une source de lumière non négligeable, mais sa forme rappelle également celle d'un rideau, ce qui accentue visuellement la séparation entre la cuisine et la salle à manger.

■ Le bar est assez haut pour masquer un peu la cuisine lorsque l'on se trouve dans la salle à manger, ce qui permet de mieux séparer les deux pièces. Réalisé en Formica, il est solide et très facile à nettoyer.

■ Une petite tablette située sur le bar du côté pièce à vivre permet de déposer quelques objets de déco ou les plats avant de les transporter. La forme de la tablette a été réutilisée sur les flancs, ce qui donne davantage d'élégance au meuble.

Le résultat

• Un salon peu accueillant est devenu une cuisine gaie et agréable à vivre.

Les astuces déco

• La maison conserve son charme ancien, notamment par le biais du parquet et de divers éléments en bois, mais prend un grand coup de jeune grâce à l'apport de la couleur.

• Le lieu dans son ensemble gagne en fonctionnalité, notamment avec cette cuisine très conviviale, largement ouverte sur la salle à manger.

• Pour créer l'unité entre les pièces, tous les rideaux ont été réalisés dans le même imprimé.

La séparation entre la cuisine et la salle à manger est également marquée par le choix de deux matériaux distincts : le parquet et le grès cérame couleur ardoise. Ce dernier a été choisi pour sa teinte neutre, qui se marie au reste du décor, et sa facilité d'entretien.

Chambre avant

Ce qui était bien

- Une jolie vue sur le jardin.
- Un grand calme.
- Un superbe parquet en châtaignier découvert sous une moquette fixée par une épaisse couche de colle.

Ce qui l'était moins...

- Une pièce relativement étroite.
- Une cheminée qui contribue au charme de la pièce, mais qui occupe beaucoup de place inutilement.
- Une exposition au nord, entraînant une atmosphère un peu froide.

Les étapes du relooking

■ La moquette a été entièrement décollée et le parquet poncé puis ciré pour lui redonner son aspect ancien.

■ La chambre étant orientée au nord, on a profité des travaux pour isoler totalement la pièce.

■ Le choix des couleurs s'est porté sur un blanc légèrement rosé et du rose poudré qui se marient à merveille avec le parquet et les divers éléments en bois.

■ Face au lit tel qu'il est installé aujourd'hui, une alcôve a été fermée pour se transformer en placard.

Les bonnes idées du coach

■ Le propriétaire désirait conserver la cheminée pour laisser à la pièce le charme de l'ancien. Le parti pris de la bomber couleur argent permet de masquer le vieux marbre à la teinte un peu dépassée et de donner à la pièce une touche de modernité. Petite customisation supplémentaire : des vaguelettes en médium (vendues au mètre) ont été rajoutées sur l'ouverture, puis peintes. L'intérieur de la cheminée a, quant à lui, été peint de la même couleur que celle du mur.

■ La pièce étant relativement étroite, il était difficile de trouver de la place pour les chevets. Pour pallier ce problème, on a installé une tablette de bois sombre qui court sur toute la largeur du lit.

■ Étant donné l'absence de table de chevet, des petites liseuses sur pied articulé ont été placées de part et d'autre du lit. Elles permettent à chacun de profiter d'une lumière d'appoint, sans se gêner.

Chambre après

L'âtre s'illumine ponctuellement de la lumière d'une bougie, que l'on prend évidemment bien soin de souffler avant de s'endormir !

Le résultat

- Une chambre agréable et lumineuse, malgré une exposition au nord.

Les astuces déco

- Une association de teintes et de matières permettant de conserver le charme de l'ancien dans une ambiance résolument moderne.
- Les fines rayures des rideaux rappellent celles de la housse de couette et les bandes peintes au-dessus du lit.
- La cheminée est devenue un élément de décoration à part entière.

Salle de bains avant

Ce qui était bien

• Une situation sur le jardin, apportant une lumière naturelle, très appréciable dans une salle de bains, une jolie vue sur la verdure, et aucun vis-à-vis.

Ce qui l'était moins...

• Une pièce très mal isolée, donc froide : pas très agréable pour une salle de bains.

• Un endroit étroit, très encombré par une grosse baignoire massive.

• Un sentiment général d'étouffement dû à l'encombrement de la pièce.

Les étapes du relooking

■ La pièce a entièrement été mise à nu, ce qui a permis d'enlever tous les anciens éléments, encombrants et obsolètes, et de faire une isolation complète des murs.

■ La baignoire a été remplacée par une très large douche séparée du reste de la pièce par une paroi en verre.

■ On a profité de l'isolation et du réaménagement complet de la pièce pour masquer le système de tuyauterie dans les cloisons, ce qui a notamment permis d'encastrer les robinets situés au-dessus des lavabos ainsi que le système électrique des appliques.

■ Les murs et le sol ont été recouverts de carreaux en grès cérame, simples et assez bon marché.

Les bonnes idées du coach

■ Un très grand miroir occupe le mur situé au-dessus des vasques. Il permet non seulement de refléter la lumière et la jolie vue venant de la fenêtre, mais aussi d'agrandir visuellement la pièce. Petite astuce, il est posé à fleur des carreaux et non par-dessus.

■ Afin de créer une importante zone de rangement, les vasques ne sont pas posées sur un simple plan de travail, mais sur un meuble muni de tiroirs et de placards. Celui-ci est fixé au mur et ne repose donc pas sur des pieds, ce qui contribue à accentuer la sensation d'espace et de légèreté dans la pièce.

■ La porte d'entrée de la salle de bains, qui s'ouvrait vers l'intérieur de la pièce, a été supprimée au profit d'une porte coulissante intégrée dans la cloison. Cet aménagement permet de gagner beaucoup de place et facilite grandement la circulation dans cette petite pièce.

■ Le radiateur fait également office de sèche-serviette.

Salle de bains après

Le résultat

• Plus aucune sensation de confinement dans cette salle de bains désormais claire, fonctionnelle… et bien chauffée.

Les astuces déco

• La paroi de la douche est en verre transparent, ce qui accentue la sensation d'espace et de légèreté qui aurait été moins flagrante avec du verre dépoli. Seul point faible, ce matériau demande un entretien quotidien pour qu'il conserve sa transparence et son aspect bien net.

• Dans la douche, une large bande verticale réalisée en carreaux noirs agrandit visuellement la hauteur de la pièce et rappelle la couleur du sol. Afin d'accentuer l'effet décoratif et visuel, les carreaux utilisés sont volontairement très différents de ceux recouvrant le reste de la pièce.

L'aspect résolument moderne du mobilier et de la robinetterie s'intègre parfaitement à cette pièce située au premier étage d'une maison datant des années vingt.

Les bonnes adresses
d'Anneli Dubois-Wernerheim

inside A
conseil en décoration d'intérieur

63, avenue Ledru-Rollin
94170 Le Perreux-sur-Marne
Tél. : 06 09 11 37 19
09 54 51 35 74
Mél : insidea@free.fr

Les meubles

AUTOUR D'UN CANAPÉ
89, boulevard de Sébastopol
75002 Paris
Tél. : 01 40 26 12 89
www.autourduncanape.fr

INSIDE A
Tél. : 06 09 11 37 19

FLY
www.fly.fr

HABITAT
www.habitat.net

IKÉA
www.ikea.com

CATALOGUE AMPM
www.laredoute.fr

BoCONCEPT
www.boconcept.fr

POÊLE À BOIS
Harry Landers
Habitat de l'Est Parisien
105, avenue du Général-Leclerc
77400 Lagny-sur-Marne

SALLE DE BAINS
Cascade Design
32, boulevard de la Bastille
75012 Paris
Tél. : 01 44 68 10 6
www.cascade-bain.com

Les luminaires

INSIDE A
Tél. : 06 09 11 37 19

LEROY MERLIN
www.leroymerlin.fr

MADE IN DESIGN
www.madeindesign.com

UN MAX DE CHOIX.COM
www.unmaxdechoix.com

Les accessoires

TABLEAUX
ŒUVRES PHOTOGRAPHIQUES
Laurent Pailler, Inside A Sarl
Tél. : 06 09 11 37 19

JARDIN D'ULYSSE
www.jardindulysse.com

Les trucs de pro à faire chez vous

• Les magasins de la grande distribution rivalisent aujourd'hui de bonnes idées et de meubles très tendance à petits prix. N'hésitez pas à vous y rendre souvent, vous trouverez certainement des meubles ou des objets qui feront beaucoup d'effet dans votre nouvel intérieur.

• Si un meuble ne vous plaît plus, repeignez-le ou customisez-le. Faites de même pour des éléments que vous ne pouvez (ou ne voulez pas) supprimer, comme notre cheminée rhabillée d'argent et garnie d'une baguette décorative (voir p. 153).

• Dans la mesure du possible, abattez les cloisons afin d'ouvrir l'espace et d'aérer les pièces. N'oubliez pas, alors, d'harmoniser les couleurs et les matières.

• Transformez visuellement l'espace en peignant des rayures verticales ou horizontales. Dans les pièces d'eau, faites de même avec du carrelage. Sachez que vous pourrez donner à une pièce la sensation d'être plus grande en y réalisant des rayures horizontales ; réservez cette technique aux endroits assez hauts sous plafond. Si, en revanche, ce dernier est assez bas, mettez au mur des rayures verticales, effet de hauteur garanti !

Index

Crédits photographiques

Galaktik
P. 9, 11, 13, 14-15, 19, : Galaktik ; p.10 et 21 : Franck Vogel p. 17 et p. 24 : François Ayme

Chateaushop
p. 27 : A. Baralhé/Inside ;
p. 28, 29 (bas gauche), 31 (bas), 33, 39 (gauche), 41, 44-45 : A. Baralhé/Inside, stylisme : Laurence Pasquier ;
p. 29 (haut et bas droite), 31 (haut), 35, 37, 39 (droite) : Élisabeth Laugier, stylisme : Laurence Pasquier ;
p. 42 : Missoni ; p. 43 : Diptyque.

NolitA
p. 47 : Stephen Clement ; p. 48, 49, 51, 53, 54, 55, 59, 62-62 : Stephen Clement,
stylisme : Chiara Duboscq ; p. 57 : photo et stylisme Ayako Goto ; p. 63 : Bianca & Family.

Oito em Ponto
p. 65, 66, 67, 69, 70-71, 73, 75, 77, 79, 80, 158 : Francisco Almeida Dias ; p. 81 : David Hicks

Anne-Carole Burghgraeve
p. 84, 85, 87, 89, 91, 93, 94 et 96-97 : E. Saillet/Inside.

Olivier Rouvillois
p. 99 : Marc Gueret ; p. 100, 101, 102, 103, 105, 106, 107, 109 et 112-113 : Olivier Rouvillois.

Élodie Sire
p. 115 : Lotfi Bezzeghoud ;p. 115 : Stephen Clement ; p. 116, 117, 119, 121, 123, 125, 127 :
Stephen Clement, stylisme : Chiara Duboscq.

Philippe Bellon
p. 129, 130, 131, 133, 135, 137, 139 et 142-143 : Tito/Inside, stylisme : Isabelle Melchior ; 140 : Homology.com ;
141 : Kartell.

Anneli Dubois
p. 145, 146, 147, 149, 151, 153, 155, 156, 157 : Anneli Dubois-Wernerheim/Inside A Sarl.

Remerciements

L'auteur tient à remercier vivement tous les architectes et designers ayant accepté de participer à cet ouvrage. Celui-ci n'aurait pas pu se faire sans leur précieuse collaboration !

Merci également à Anne Serroy pour son enthousiasme et sa confiance, à Stéphanie Zweifel pour sa sympathie et son grand professionnalisme et à Marie-Luce Dauchez pour sa participation.

Conception graphique et mise en pages : Marie Vendittelli

Photogravure : Point 4
Achevé d'imprimer en avril 2008
Sur les presses de l'imprimerie Gráficas Estella
Dépôt légal : mai 2008
Imprimé en Espagne